ACTS OF MEANING

意味の復権 [新装版]
―― フォークサイコロジーに向けて ――

J・ブルーナー
[著]

岡本夏木/仲渡一美/吉村啓子
[訳]

ミネルヴァ書房

ACTS OF MEANING :
Four Lectures on Mind and Culture
by
Jerome Bruner

Copyright©1990 by the President and Fellows of Harvard College

Published by arrangement with
Harvard University Press, Cambridge, Massachusetts
through Tuttle-Mori Agency,Inc.,Tokyo

【復刊によせて】

ナラティヴ的復刊のことば

吉村啓子

　『意味の復権』の復刊が決まり，「復刊によせて」の執筆依頼の電話があった。「岡本先生にお願いしてください。」と言おうとしたが，先生は亡くなられている事に気づき，そのことばを飲み込んだ。それと同時に，翻訳作業当時の苦闘を懐かしく思い出した。

　訳者あとがきにもあるが，翻訳は困難を極めた。その理由は著者と翻訳者の文化的基盤の違いである。引用されている著作に目を通したが，その多くはこの作業に携わらなければ手にすることもなかったものばかりであった。それらを全て理解できたのかというと私は否である。ある作品を読むとまたその背景が分からなくなり，と深みにはまるような感じになった。また，レトリカルな表現にもその含意を理解することに頭を悩ませた。一例をあげると，原文の5ページに 'it is a monkey in the British Museum' という文章がある。「猿」と「大英博物館」とを並べると，英語圏の人ならば簡単に分かる何かがあると考えられた。日本語で「猿も木だね」と言うと，「達人が失敗したのだな」と分かり合えるのと同じような表現かもしれないと，ネイティブの人にも確認したが分からなかった。翻訳者3人で何度も話し合い，結局ほぼ直訳している（本書7ページ7～8行目）。この文章は，「無限の猿定理」を含意していると考えられるが，確信はもてていない。

本書においてブルーナー博士は,「認知革命」の再革命が必要であると主張している。「認知革命」後の心理学が,「計算主義的情報処理論」に依存する方向へと展開してしまった事を憂慮し,「フォークサイコロジー」や「ナラティヴ」という概念に重きを置いた研究を奨励し,心理学の進むべき道を示している。本書（邦訳）が出版された1999年以降の日本の心理学の動向を見ると,実践的な研究や,参与観察的な研究が多くみられるようになっており,博士の提言から少なからぬ影響を受けているように思われる。2004年には,既存の心理学のパラダイムでは扱いきれない領域も視野に入れ,現実世界により良く向き合うことを目指して日本質的心理学会が設立され,その会員数も増加していると聞く。一方で,統計ソフトが簡単に利用できるようになり,データさえ入力すれば,大量のデータを分析できるようになっており,量的な研究もさかんである。言い古されていることではあるが,質的な研究と量的な研究は対立的なものではなく,この両者から得られる知見が統合され,心理学が大いに発展することが望まれる。

　ブルーナー博士は昨年100歳になられた。博士の101歳の年にこの書が復刊されることに,新しい一歩のようで何らかの「意味」を感じる。今後,心理学に新しい革命が起こったとしても,本書が心理学研究の流れを変えた古典として息長く読まれていることを訳者の一人として期待している。

（2016年4月）

序

　書物はそれぞれ，海からそびえ立つ山頂のようだ。個々には独立した嶋々に見えるが，それらは一つの基底をなす地勢の上の隆起であり，一つ一つは局在して見えているが，全体としては，一つの普遍的パターンの各部分なのである。したがって，それらの書は，その時その場を反映することは避けられないとしても，それらはより普遍的な知の作り出す地勢の中の部分，部分をなしている。本書もまたその例外ではない。

　心理学——William James はかつてそれを「心の科学」（the science of minds）とよんだ——が，その歴史でかつてなかったような断片化におちいっている時に，私はこの書を書いてきた。心理学は，その中心を見失い，内部の相互交渉を保証するのに必要な凝集性を失う危険にさらされ，そこでは各部分同士を結びつけるようなしごとが正当化されにくくなってきている。そして各部分は，それぞれ自身の体制内だけでのアイデンティティを作り出し，自分たちだけの理論装置と，多くの場合自分たちの専門誌をもつに到っているが，個々に専門化して，そこで生み出されるものが外に対してはますます役立たなくなってきている。それらは，あまりにもしばしば，自らを自らのレトリックと自らの権威づけのための専門分野に封じこめることとなっている。こうした自己の封じこめは，心理学というパッチワ

ークの各部分や,それらが作り出す集合体を,心と人間の条件の理解を志す探究(人文科学や他の社会科学での探究)からますます遠ざけてゆく危機をもたらす。

　このことについては,それが起こるべきもっともな理由があったのかもしれぬし,人間科学において求められた「パラダイムの移行」を反映さえしているのかもしれぬ。心理学の「生物学的」側面は,その古い基盤を放棄して,神経科学と力を合わせようとしている。新たに鋳造された「認知科学」は,これまでの知覚や記憶や思考等,今日では「情報処理」の各種と目されるしごと場で働いていた人々の多くを吸収してきている。これらの新しい路線が人間理解のしごとに,新たな,以前には予期しえなかったような強い理論的力をもたらしうるとするなら,それはそれでいいことかもしれぬが。

　しかし,現に起こっているように見える分裂と断片化にもかかわらず,私は心理学が終末を迎えているとは思わないし,またそれらが永久にバラバラの専門という教区に住みつづけるべく運命づけられているとも思わない。というのは,心理学はその長期にわたる事業として,それら独立した諸部分を一つのセットへと「公認された形で」変換してゆくことを前もって予定しているからである。心理学上の大きな問いは,今なお生きつづけている。1879年,ライプチッヒにおけるWundtの「実験」室の創設では,その問いを切り捨てることはしなかった。むしろそれらを新しい衣で装わせさえした──「新」実証主義者のスタイルは,19世紀後半のわが祖先たちにとって極めて重

要であった。その Wundt でさえ，晩年，その新しい「研究室」のスタイルがいかに圧迫されているかを認めており，「文化心理学」を体系化するにあたって，人間の文化的産物の理解のために，われわれはより歴史的でより解釈的なアプローチを取り入れてゆくべきであると強く主張していた。

　われわれは，遠い過去の前実証主義者から今なお豊かな養分を取りつづけてきている。Chomsky は自分が Descartes に負っていることを認めている。Piaget は Kant なしには，Vygotsky は Hegel と Marx なしには考えられない。かつて高く聳えた「学習理論」という砦は，John Locke によって敷かれた基盤の上に築かれていたのである。そしてまた，もしも Freud の追随者たちが，彼の理論のいちばん皮相的な側面である「生物エネルギー」のモデルから脱却すべく戦っていたなら，精神分析はその理論水準をさらに成長させつづけていたかもしれない。加えて，最近の認知革命も，その支えとしてその時代の哲学的風土をぬきにしては考えられなかった。そして実際「公式化されている」心理学を，それがその姉妹である人間科学としての他の諸領域に対して画している境界を超えて見直すならば，古典的な問いへの関心が，ライプチッヒ以降今世紀においても生き生きと復興しているのに人は心打たれるだろう。Nietzsche と Peirce, Austin と Wittgenstein, Jakobson と de Saussure, Husserl と Cassirer, Foucault と Searle によってかかげられてきた問いである。

　そこで，心理学の悩みとなっているこの狭小化と「封じこ

め」に対して，一つの反作用が起こってきたとしても驚くことではない。知のコミュニティが広がれば広がるほど，われわれの専門雑誌類はますます無視されてゆく。そこには，アウトサイダーから見て，ほとんど知的とよぶには値しないような位置しか占めない小研究や，それらに対する一握りの反応しか載っていないように思われる。心理学の内部にも，それ自身の学問状態についての苦悩と焦燥があり，それを再編すべき手段の新たな探索が始まっている。「小ぎれいな研究」（かつて Gordon Allport が方法論上そうよんだ）というエトスの流行にもかかわらず，大きな心理学的問いかけが再びあがってきている——それは心とその過程の性質についての問いであり，われわれが自分たちの意味と事実をどう構成するかの問いであり，歴史と文化による心の形成についての問いである。

　そして，これらの問いは，「公式的」心理学の内側でよりも，外側にあってより強く追究されたことがしばしばあったのだが，今や豊かで生産的な答えを求めて，きびしく強力に再定式化が進められつつある。大いなる比較（Great Comparison）がどのように進められているか，そして常にそれへの解決が心理学にどう挑戦しつづけているのかを，われわれは今やよく知っている。人と進化上の祖先との比較，子どもと成熟した人との比較，健康な状態の人と精神的な疾病や障害をもつ人との比較，文化によって異なる「人間性」の比較，さらには生身の人間とそれをシミュレートして作られた機械との間の比較などである。これまでタブーとされてきたトピックス，心とか，志向性とか，

意味とか，現実の構成とか，心的ルールとか，文化の型といったものについてわれわれが進んで問いを発するに到って，これらの探究の一つ一つがすべて成果をあげてきている。Occamの剃刃——それは自分の概念的実体を「必要」以上に増殖させてはならぬといましめているのだが——は，心を精神科学から追放しようと意図するものでは決してあるまい。また John Stuart Mill の帰納の原理も，統制された実験で満たされるような形の好奇心は別として，あらゆる形態の知的好奇心をしずめるものではなかった。

この書は，今日の混乱し，断片化し，新たに単純化された現代心理学の背景に逆らって書いたものである。本書を "Acts of Meaning" と名づけてきたのは，次のような大きなテーマ，つまり意味作成ということがもつ性質とその文化的形成，そして意味が人間の行為において演ずる中核的役割というテーマを強調したいがためである。読者はやがて，一心理学者としての私の長い歴史が本書に「投影」されているのを見出されるだろうが，私が今この書で一つの自伝的口上を述べようとしているのでは決してない。しかし，Bakhtin が教えるように，一つ一つの声のすべては，対話からみちびき出されるものなのである。まことに幸福なことに，私は長い間，心理学を作り，またそれを作りかえてゆく対話への参加者であり得てきた。以下の諸章で私が言おうとすることには，その対話が今日どのような位置に立っているのかについての私の見解が反映している。

本書は，意味作成過程の個々の側面のすべてにわたる「包括

的」研究を意図してはいない。いずれにせよ，そうしたことは不可能であろう。むしろこの書は次のようなことを例証しようとする一つの努力である。すなわち，心理学がその中心的テーマとして意味の問題にかかわってゆこうとする時，その心理学はどのような様相を示すのだろうか，またそれが不可避的にどのようにして「文化心理学」になってゆくのか，そして，**還元主義，因果的説明，予測性**を理想としてきた実証主義科学の伝統的目的を超えて，どのように危険に挑んでゆかねばならぬのかを例証しようとする努力なのである。還元主義，因果的説明，予測性の三つを，三位一体のごとく扱う必要はない。というのは意味や文化を扱おうとする時，われわれはもっと他の理想の方に向かわざるを得なくなるからである。意味や文化を物質的基礎に還元すること，いわばそれらが大脳左半球に「依拠」していると宣言することは，両者を場ちがいの具体性に供するという陳腐なあやまりをおかすことになる。単純に「因果関係」というかたちでの説明を強調することは，人間というものが自分たちの世界をどのように解釈するのかを理解し，そして**われわれ**が**その人間たち**の行っている解釈という行為をどう解釈するのかを理解しようとする試みから，自分たちを閉め出すこととなる。そしてもし心理学の目的が（他の知的な企てと同じく）理解の達成にあるとするなら，われわれはあらゆる条件下で現象が見られる**前に**理解するということがどうして必要になるのだろうか――予測性ということがすべてなのか。因果的説明よりも，もっと理にかなったような解釈というものがないのか，

特に因果的説明を達成しようとする試みが強制的にわれわれの研究対象を極端に人工化して，人間生活についての典型的な認識をはるかに超えた点にまで到らしめている時に。

　人間の心の研究はきわめて難しい。自分自身が自分の研究対象であるとともに，研究行為の主体でもあるというジレンマに強くとらえられているので，その探究法を昨日までの物理学から派生してきた思考方式に限定することはできない。その仕事は，何をさておきぎわめて重要であり，豊かなヴァラエティに富む洞察がほどこされるに値する仕事である。それは人がその世界と周りの人たちを，そして自分自身をどうとらえるのかについての理解をもたらしうる洞察でなければならない。このことこそが，まさにこれからわれわれがそのなかに進み入るべき神髄なのである。

謝　辞

　この書を作る力になってくれた方々や研究機関の名をあげる前に述べておかねばならぬことがある。というのも，本書はいろいろな点で私のもっとも新しい考えの表現であるだけでなく，長年「心の中に抑えつづけてきたものの復活」でもあるからである。自分がうけてきたいろいろの影響の中でのあるものは，当然遠い過去のもので，ハーバードの社会関係部門において，1950年代半ばからの10年間，私は Clyde Kluckhohn と Gordon Allport, Talcott Parsons と Henry Murray といった人びととの交わりによって育てられてきた。それは一つの目的をもった部門で，毎月私たちはそれを解明すべくセミナーに会した。その目的というのは，人間というものを一人のユニークな個人としてとらえる見方と，人間を文化の一つの表現であるとともに一つの生物学的有機体としてとらえる見方とを，どのように調和させるかにあった。水曜日の夜毎にもたれた討論の模様を以下にふりかえっておく。

　そこでの Conception of Man ("Soc Sci 8") では，George Miller と私が，ハーバードとラドクリフの学生に対して，人間を知るためには，それが進化してきた動物の世界を背景として見るとともに，人間の住む象徴の世界をもたらした文化と言語の文脈の中に人間をおいて見なければならぬこと，そしてこ

れら二つの強力な力の協調を可能にさせる成長過程の光に照らして人間を見るべきことを説いた。やがて私たちが信ずるに到ったのは，心理学はそれ自身だけで仕事をしようとしても不可能だということである。そこで私たちは一般教育科目の中に，学際的な人間科学としてわれわれ自身の意見発表の場を開くことにした。1960年代のほとんど毎年，9月から5月いっぱいまで，私たちは，自分たちの学生の一歩先を行くよう努力したのである。

　このさなか，認知研究センターが創設されたが，これについては，最初の章で多く語ることになるだろう。ここで一つ言っておきたいのは，私が次のようなことを信ずるに到るのを助けてくれた今一つ別の共同研究グループへの謝意である。私はその助けによって（それまではほとんど意に介さなかったことだが），心理学や人類学や言語学，さらには哲学等のような諸領域を分けている境界線というものが，知の実質にもとづく問題であるよりも，研究を実施するにあたっての便宜上の問題に過ぎぬと信ずるようになったのである。

　そこでの長年の会話において，一般化された他者の役割をになってくれたパートナーたちの存在があった。George Miller, David Krech, Alexander Luria, Barbel Inhelder, Clifford Geertz, Albert Guerard, Roman Jakobson, Morton White, Elting Morison, David Olson たちである。そしてこのリストだけではなお不十分である。というのも最近のニューヨーク大学から，中期のオックスフォード，そして初期のハーバードに

までさかのぼって私の学生たちの名をここでは記していないからである。

何人かの友人たちがこの本のはじめの草稿を読み，有効な示唆を与えてくれた。Michael Cole, Howard Gardner, Robert Lifton, Daniel Robinson, Donald Spence である。

エルサレムで私をもてなしてくれた人たちに特に負う所が大きい。1989年12月，ヘブライ大学ではエルサレム・ハーバードのレクチャーに際してきわめて快適に過ごさせていただいた。中でも President Amnon Pazi, Rector Yoram Ben-Porath, Proffessor Shmuel Eisenstadt, Ms. Liat Mayberg に感謝する。このエルサレムで行った講義が，本書の最初の草稿を生み出すことになったのである。12月の午後の日々，スコプス山に会した聴衆に対してほど，熱心にそして強く語りかけた経験は今までの私の講義では滅多にないことであった。そこでの彼らのコメントや質問が，私を実りある再考の道へ旅立たせてくれることとなったのである。私はまた，本書を援助し，このしごとの支えとなってくれたスペンサー財団に大きな謝意を捧げたい。

最後に出版者 Arthur Rosenthal に感謝する。彼は長年にわたってその名を，私や他のすぐれた著者たちがその序文の中にあげることを嫌い，校閲の際自らそれを抹消するのが常であった。しかし，遂に本書はその彼の朱筆をまぬがれることができた。というのも，今，彼は Harvard University Press の代表から離れ，他所で新しい事業の長をつとめようとしているから

である。一人の出版人としての Arthur Rosenthal，その生き方そのものこそが，彼の一途なしごとにもたらされた褒章である。そして十分名をあげきれないかもしれないが，出版局で実際に事にあたってくれた人たちがいる。Angela von der Lippe はしごとを巧みに進めてくれたし，Camille Smith は根気よく，そして臨機応変に原稿の編集にあたってくれた。

　私はこの書を，わが妻にしてしごと仲間である Carol Fleisher Feldman に捧げて書いてきた。誰しもそれを不思議に思わないだろう。

もくじ

復刊によせて

序

謝　辞

第1章　人間研究のあるべき姿 —— 1

- I　認知革命の由来　*1*
- II　文化と心理学　*15*
- III　「する」ことと「言う」こと　*21*
- IV　生物的制約と文化的創意性　*28*
- V　構成主義と相対主義　*33*
- VI　科学的心理学とフォークサイコロジー　*43*

第2章　文化装置としてのフォークサイコロジー —— 47

- I　文化心理学とフォークサイコロジー　*47*
- II　フォークサイコロジーの背景　*51*
- III　フォークサイコロジーのなりたち　*55*
- IV　物語の特性　*61*
- V　通常性と逸脱性　*67*
- VI　人生が芸術を模倣する　*71*
- VII　「詩」と「真実」　*75*
- VIII　経験の体制化　*79*
- IX　形式論理を越えて　*85*

第3章 意味への参入 ——95

Ⅰ 物語の力の達成　95
Ⅱ 意味の生物学　97
Ⅲ 物語へのレディネス　106
Ⅳ 事象の規範性と逸脱性　114
Ⅴ 家族内のドラマ　119
Ⅵ 『クリブからの物語』　123
Ⅶ 生活の物語化　134

第4章 自伝と自己 ——139

Ⅰ 「自己」をめぐる見解　139
Ⅱ 自己研究の要件　163
Ⅲ 家族のストーリー　168
Ⅳ 家族とのインタビュー　174
Ⅴ Goodhertz 一家　178
Ⅵ 「現実世界」と「家庭生活」　185
Ⅶ 社会的歴史的力の表現　192
Ⅷ まとめ——「説明」と「解釈」　194

Notes　197

事項索引　227

人名索引　233

訳者あとがき　239

第1章
人間研究のあるべき姿

I　認知革命の由来

　私は議論の出発点として，認知革命（Cognitive Revolution）について論じることから始めたい。この革命は，客観主義の長く冷たい冬の時代の後，「心」を人間科学の分野に取り戻すためのものであった。しかし私は，常に前進し続けている発展についてありふれた説明をするつもりはない。というのも，少なくとも私には，この革命を生み出してきた起動力にとって周辺部にすぎないような問題へと，今ではその流れが変えられてしまっているように見えるからである。確かにこの革命は，本来の起動力を徐々に浸食するようなしかたで技術化されてきている。だからといって，この革命が失敗したといっているのではない。失敗というには程遠い。というのは，認知科学が学問取

引所における一番の成長株になっていったことは確かだからである。むしろ成功によって流れが変わってしまったのである。つまり，その成功がもつ技術的巧みさのために高い代償を払うことになってしまった。批評家の中には，たぶん中傷しているのだろうが，革命の子である新しい認知科学は，心理学が再興しようと模索してきた心の概念そのものを，非人間的なものにしてしまうという代償を払って技術的な成功をおさめ，その結果，心理学を他の人間科学や人文科学からかけ離れたものにしてしまったのだとさえ論じる人もいる。[2]

　私はこれらの問題について簡単にいま少し意見を述べるつもりである。しかし，そこへ進む前に，この章とこれに続く章の構成について説明しよう。まずこの革命を簡単に振り返り，次に再び始められた認知革命の前駆となる探究に直接とりかかるつもりである。その認知革命は，以前の認知革命に比べると「意味作成」に関わる認識に対して，より解釈的アプローチをとっている。また，人類学，言語学，哲学，文学理論，心理学において，そしてたぶん今日どのジャンルを見渡しても，この数年来このような解釈的アプローチが急増してきている。[3]この活発な増加は，認知革命の最初の勢いを取り戻そうとする努力ではないかと私は思っている。後の諸章では，人文科学や社会科学における心理学の隣接領域と心理学との間の境界線上の研究，私が認知革命を引き起こした起動力と呼んできたものを取り戻すような研究について，具体的な実例をいくつか挙げながら，この前駆的なスケッチをしあげておきたい。

1950年代の終わり頃にさかのぼり，私や友人達が認知革命はどのようなものであるべきと考えていたかについて話し始めよう。その革命は，意味——刺激と反応ではなく，明らかに外から観察可能な行動でもなく，生物的な動因やその変化物でもなくまさに意味——を，心理学の中心概念として定着させようとする全力をあげた努力であったと思っている。この革命は，行動主義に若干のメンタリズムを加えることにより，心理学的研究のよりよい方法にそれを変形させようというねらいで，行動主義に反対しようとした革命では**決してなかった**のである。Edward Tolman は行動主義に少しメンタリズムを加味するというしごとをしたが，あまり役には立たなかった。認知革命は，Tolman の革命よりも全体的に見てもっと深い革命であった。この革命のねらいは，人間が世界に出会うことによって創造した意味を発見し，明示的に記述し，そしてそこにどのような意味作成の過程が関与しているのかについての仮説を提起することであった。人間が，世界だけではなく自分自身についてのセンスを構成したり，形成したりする際に使用する象徴活動に対して革命の焦点は当てられていた。革命のねらいは，心理学を刺激して人文科学や社会科学の中の解釈的な姉妹分野と力を合わせることであった。確かに，見かけは計算指向性をより強めているように見える認知科学の表面下で，この動きはまさに起こっていたのである——最初は徐々に，今では加速度的に。そして，そこで今日，繁栄の中心として見出すのは，文化心理学，認知的解釈的人類学，認知言語学，そして中でも Kant 以

前には見られなかったが，今では全世界的広がりをもつにいたった心と言語についての哲学への専念である。1989～1990年にかけて行われたエルサレム・ハーバードのレクチャーでの二つの講義，一つは人類学の分野で Geertz が，もう一つは心理学で私が，それぞれ独自の方法で行った講義がまさにこの伝統の典型を示すものであり，おそらく時代の動向であったのであろう。

　本来考えられていた認知革命は，心理学が人類学や言語学と，哲学や歴史学と，そして法律学の分野とも協力することを事実上必要としていた。ハーバード大学の認知研究センターの初期の評議員に，哲学者の W. V. Quine，精神史学者の H. Stuart Hughes，言語学者の Roman Jakobson らが入っていたことは驚くことではないし，もちろん偶然でもない。また，センターの会員の中では，哲学者，人類学者，言語学者の人数が，心理学の専門家——その心理学者の中には Nelson Goodman のような新構成主義の代表者も含まれているのだが——の人数とほとんど変わらないということも驚くことでもなく偶然でもない。法学についてどうかというと，この分野における傑出した何人かの専門家が，われわれの討論会に時折顔を見せたということを報告しておかねばならない。Paul Freund がそれらの内の一人である。彼はわれわれセンターの人間が，ルール（科学的な規則よりむしろ，文法の規則のような）が人間の行動に対してどのような影響を与えるのかについて興味をもっているように見えたこと，そして結局それが法学に関わることだと受け取った

ので参加したと認めていた[5]。

　われわれは行動主義を「改良しよう」としていたのではなく，行動主義を取り替えようとしていたということが今でははっきりとしたのではないかと思う。私の同僚のGeorge Millerが後に述べているように，「われわれはドアに自分たちの新しい信条をくぎで打ちつけ，何が起こるかを確かめようと待っていた。すべてがとてもうまく，実際にきわめてうまくいったので，結局われわれはその成功の虜になってしまっていたのかもしれない」[6]。

　認知革命を引き起こしてきた起動力に何が起こることになったのか，それがどのように断片化され技術化されるに到ったのかを調べることは，ここ四半世紀の精神史における興味深い論評になるであろう。全体の沿革は精神史の研究者たちにゆだねるのがよいだろう。ここで記しておく必要があるのは，その途上にあるいくつかの道標についてだけである。というのは，われわれ皆がその上を進んできた知の地形について理解するには，それだけで充分だからである。たとえば，「意味」から「情報」へ，意味の**構成**から情報の**処理**へと重点の移行が始まったのはずいぶん早い時期からである。これらは根本的に異なった問題である。この移行のカギとなる要素は，支配的なメタファーとして「計算操作」ということの導入であり，良き理論モデルの決め手となるのに必要な規準として，計算可能性という考えを導入したことである。情報は意味の側面に対しては関心を示さない。計算理論の用語では，情報はあらかじめコード化された

メッセージをそのシステムの中に含んでいる。意味はあらかじめメッセージに割り当てられている。意味は計算操作の結果ではないし，また割り当ての恣意性ということを除いては，計算操作そのものにも関連していない。

　情報処理では，セントラルコントロールユニットからの指令でメモリー内のアドレスへメッセージを送るか，あるいはアドレスからメッセージを引き出す。また，バッファの中に一時的にメッセージを貯蔵しておき，決められた方法でメッセージを処理する。つまり，あらかじめコード化されている情報を表示したり，配列したり，組み合わせたり，比較したりする。これらのすべてを行うシステムは，貯蔵されているのが Shakespeare のソネットからのことばなのか，それとも乱数表からの数字なのかに関しては理解しようとしない。古典的情報理論によると，メッセージは選択肢を少なくするほど情報的とされる。これは，コードが確立された選択可能性であるということを意味している。選択肢がもっている可能性のカテゴリーとそれらに含まれる事例は，そのシステムのもつ「統語法」，つまりその運用可能性に従って処理されている。この場合，情報が扱うことのできる意味は，辞書的な意味に限られる。つまり，コード化されたアドレスに従って，貯蔵された語彙情報にアクセスすることに限られる。これとは別に「意味らしき」操作がある。アナグラムやスクラブルを解く場合のように，ある規準に照らして結果を吟味するために，登録事項の順序を置き換えるような操作である。明確に定義され恣意性をもつ登録事項で

あれば，基本的操作のプログラムによって厳密に制御された特定の関係の中に入ることができる。しかし情報処理は，明確に定義され恣意性をもった登録事項を超えるようなものを何一つとして扱うことができない。このようなシステムは，あいまいで，多義性をもつものや，比喩的で含みのある結びつきをもつものなどを扱うことができない。もしシステムがそのようなものを扱っているようにみえたとしても，それはいわば大英博物館の中のサルにすぎない。みかけはすばらしくても，やっていることはたいしたことはない。単に骨の折れる，やっかいなアルゴリズムを使って問題を解こうとしているか，危なっかしいヒューリスティックでやまをはっているだけなのである。情報処理は，前もって用意された段取りと厳密なルールを必要としている。情報処理は，「イスラム原理主義者の心の中では世界はどう統合されているのか」とか，「ホーマー風ギリシャでの自己概念と，脱工業化した世界におけるそれとはどのように異なっているのか」のようなやっかいな形の問いは排除する。「乗り物が前もって定められた軌道を確実に保つための操作情報を，オペレーターに与える最適の方略は何か」のような問いを好む。意味と，意味を創造する過程については後にもっと述べることになろう。それらは一般に「情報処理」と呼び慣らわされているものから驚くほどかけ離れているのである。

　もし情報革命が脱工業化した世界のすみずみにまで起こっていたとすれば，このようなことがもっと力説されても驚くことではないはずである。一般的にいうと，心理学や社会科学では，

自分たちを庇護してくれるような社会の要求に対しては，どんな場合でも敏感であり，しばしば過敏になることさえある。そして新しい社会的要請に照らして，人間やその心を再定義することこそが，どんな場合でもアカデミックな心理学が示してきた知的な反射であった。それ故，このような状況の下で，興味が次第に心や意味から，コンピュータや情報へと移り変わっていったとしても驚くことではない。というのも，コンピュータとか計算理論が，1950年代の初期までに情報処理にとっての基本的なメタファーとなったからである。事前に確立している意味カテゴリーが，ある範囲の中で操作コードのベースとなるにふさわしい形をとっていれば，適切にプログラムされたコンピュータは，最小限の操作で驚異的な情報処理作業をやってのけるだろうし，それはまさしく技術の天国であろう。そしてすぐに，「計算する」ということが心のモデルとなり，「意味」という概念の位置にとって代わって「計算可能性」という概念が出現したのである。認知的プロセスは，計算装置上を走らせることが可能なプログラムと同等視された。そして，たとえば記憶や概念獲得のような働きを「理解」しようとする努力の成功は，人間の概念活動や記憶活動をコンピュータプログラムで現実的にシミュレートする能力の解明にあると考えられた[8]。このような考え方は，Turing の革命的洞察によって飛躍的に促進された。計算プログラムは，どれ程複雑であろうとも，きわめて基本的な操作で処理を行う，より単純なユニヴァーサルチューリングマシーンによって「模倣され」得るということを彼は示し

た。これらの複雑なプログラムを「ヴァーチャルマインド」（Daniel Dennett の言い回しによる）と考える習慣に一度はまりこんでしまうと,「真の心」とそのプロセスは,「仮想」の心とそのプロセスと同じしかたで「説明」できるはずだと信じてしまう全行程に向けて, 小さいが決定的な一歩をふみ出すことになる。

　この新しい還元主義は, 生まれようとしていた新しい認知科学に対して, 驚くほどに自由を保証するプログラムを与えることとなった。確かに, この還元主義は実に寛大であって, 古臭いＳ－Ｒ学習理論家や記憶の連合主義の学者でさえ, 自分たちの古い概念を情報処理の新しい用語の中に包み隠してしまいさえすれば, 認知革命の集団の中でうまく復活できるほどであった。誰も,「心的」過程にも意味にもまったく関わる必要はなかった。刺激と反応は, 入力と出力ということばにかわり,「強化」ということばは, その情緒的汚れを洗い流して制御子ということばに置き換えられた。制御子とは, 操作の結果についての情報をそのシステムにフィードバックするものである。計算可能なプログラムがある限り,「心」が存在するのである。

　はじめは, このような心のもじり版が, みかけだけ転向した行動主義心理学者の間に, 伝統的な反メンタリストのパニックを引き起こすとは思われなかった。だがそのうちに, 古典的でおなじみの古い論争の新版が再び出てきた。特にそれはいわゆる認知の構造様式についての論戦において顕著であった。そこには二つの立場があった。一つの立場では, 認知の構造は, 入

力データを受理するか，拒否するか，組み合わせるかについての文法のような階層的入れ子式のルール構造のセットであると考えられていた。それに対してもう一方は，認知の構造は，いくつかのPDP（並列分散処理）モデルのように完全に分散されたコントロールをもった下から上への結合主義的ネットワークであると考えられていた。PDPモデルの一つは，古い連合主義者の学説（そこではHerbartの創造的統合をさし引いている）にとても似ている。前者のしくみは，心理学におけるトップダウン的な合理主義的—メンタリズム的伝統に似ており，「真の」心と「仮想の」心の間を容易に行き来していた。後者は，Gordon Allportが講義の中で，「まるで黄塵の不毛地帯と化した経験論」といつも茶化していたものの新版であった。東海岸の計算主義者は，法則や文法というような心に似せた用語を扱っていた。一方，西海岸の人たちは，そのようにシミュレートされたメンタリズムには関わりたがらなかった。すぐに，論争の場はますます古くてありふれたものの様相を呈し始めた。そこでのレースを展開する車は，より速いスピードと，より大きい形式主義的な馬力をもつようにはなっていたが。しかし，彼らが戦術として心を対象として扱うべきか，それとも計算理論のみを扱うべきかという問題は，両陣営から無限に延期可能な問題として残されたままであった。果たして雌豚の耳で絹の財布が作れる（＊訳者注：ウリのつるにナスがなる）のかどうか，その解答は時が教えるはずである。[10]

　「計算」ということを新しい認知科学のメタファーとして使

い,「計算可能性」ということを新しい認知科学における運用可能な理論の充分な規準とまではいかないが,必須のものとして用いたことで,メンタリズムに対するかつての不快感が再び立ち現れてくるのは避けられなかった。心とプログラムが同じものとみなされるならば,心的状態の地位――計算システムのプログラム的特性によって固定されるのではなく,主観的な特徴によって固定される古風な心的状態の地位――はどうなるのだろうか。そのようなシステムの中では,「心」――信じる,欲求する,意図する,意味を把握するといったような志向的状態という意味での「心」――にとっての居場所はありえないだろう。新しい科学からそのような志向的状態を追放しようとする叫びがすぐに起こった。確かに,初期の行動主義の全盛時に出版されたどの本も,Stephen Stich の "*From Folk Psychology to Cognitive Science*" に対して反メンタリストが示した熱狂ぶりに及ぶものはなかった。11 また,とやかく騒ぎたてるメンタリズム的認知主義者と,勇ましい新反メンタリストを和解させようという政治家のような努力があったのは確かである。しかし,その努力はすべてメンタリストの機嫌をとるか,おだてるかの形をとっていた。たとえば,Dennett は,われわれは**あたかも**自分をあるやり方で行動させようとする志向的状態をもっているかのようにふるまっているだけであり,われわれは後になって,そのようにわけの分からない観念を必要としないことに気づくのであると提言している。12 また Paul Churchland は,人は明らかに間違ったメンタリズムになぜ固執して離れな

第1章 人間研究のあるべき姿

いのかということは面白い問題であるけれども，それは当然のこととして放っておかれるのでなく，説明されるべきものなのであると不承不承認めている。Churchland が言うように，フォークサイコロジーは，物事が実際はどのように進むのかということについて記述しているように見える。では，信念や欲求や態度は物理的世界——つまり計算操作の世界——の何かの原因にどのようにしてなりうるのだろうか。主観的意味において，心は次の二つのどちらかであった。一つは，心は計算システムが特定の条件下で出力した随伴現象である。この場合，心は何ものの原因でもありえない。いま一つは，心は起こってしまった行動（これもまた出力であるが）について人が語る語り方そのものである。この場合，心はさらなる行動や，たんにより一層の言語的な分析を必要とするものにすぎない。さてここに，Jerry Fodor の生得説を含めておかねばならない。その説によると，心はシステムの中に組み込まれた生得的なプロセスの紡ぎ出した産物であり，この場合，心は原因であるよりもむしろ結果である。

　心的状態とか志向性に対する新しい攻撃と関連して，行動主体（agency）という概念に対する攻撃が起こってきた。概して認知科学者は，行動が方向づけられているという考え方，それどころか目標に向かって方向づけられているという考え方に対しては何の異議も唱えていない。行動の方向は，行動結果の有効性の計算によっていくつかの選択肢の中から決定されるのであれば，この考えは完全に受け入れられる。また，たしかに

「合理的選択理論」の目玉となる。しかしながらその新しいムードの中で，認知科学は目標指向行動に対して双手を挙げて受け入れているにもかかわらず，行動主体という概念に対してまだ慎重な態度をとっている。というのは，「行動主体」ということばは，志向的状態の支配を受けた活動としての行為という意味を含んでいるからである。そこで，信念や欲求や道徳的献身に基づいた活動については——それが Dennett の言うような意味で純粋に明確に規定されていなければ——，まともな考えをもった認知科学者ならば，今もそれらを避けるべきものであるとみなしている。それは決定論者たちにとっての自由意志のようなものである。[15] 哲学者の John Searle と Charles Taylor，心理学者の Kenneth Gergen，人類学者の Clifford Geertz のように，この新しい反志向説に対して，勇敢にも同意を拒否した人たちがいたが，彼らの見解は主流をなす計算主義の多数派によって周辺へ押しやられることになった。[16]

　認知科学の体系において，計算可能性がその理想となってしまったことによって認知革命に何が起こったか，その姿を私はおおげさに言い過ぎているかもしれないことには充分気がついている。まともな認知科学者ならば，「人工知能」という表現を使う時はいつも（たとえたった一度だけであっても），その後にほとんど判で押したように，カッコに入れた大文字の頭文字（AI）を続けて表記していることを指摘しておく。この略号化の行為は，二つの事実のうちのどちらか一つを示していると考えられる。略号はジップの法則が要求する短縮化を示唆してい

る。この法則は，語や表現の長さはその使用頻度に対して反比例関係にあるというもので，たとえば，"television" が "TV" になってしまっているように，(AI) という略号はその語がいたるところで使用されて，学問の市場に浸透しているということを表わしている。もし心を一つの人工物，つまり計算の原理に従う人工物であると考えるのであれば，AI は心に似た**すべての**人工物を，さらに心そのものさえも扱いうることを誇らかに宣言することとなる。一方，略号は困惑のしるしでもあるのかもしれない。というのは，知能のように自然な物を人工的に作り出すということには，鼻もちならない感じがするからである（ついでながら，アイルランドでは AI は人工授精という口にしにくい略号である）。または，AI は省略しないもとの形のままでは，矛盾語法（活力に富む知能と平板な人工性とを一緒にしている）のようであるからである。このようにジップの法則にこめられた誇りと真相を隠蔽する困惑とは，どちらも注目に値する。情報がどのように動き，処理されるのかということの理解に認知科学が貢献してきたことは疑問の余地がない。しかしまた，最初に認知革命を推し進めたはずのいたって大きな問題が，今もほとんど説明されないままいくぶんあいまいにさえされているという反省もまた，疑う余地はないのである。さてそれでは，意味の概念と，意味が共同体の内側で創造され，処理される過程をめぐって，精神科学をどのように構成すべきかという問題に戻ろう。

II 文化と心理学

　文化そのもの——特にそれがもっている構成的な役割——の概念から論じ始めよう。われわれ心理学者は，習慣的にも伝統的にも，かなり個人主義的表現で考える傾向がある。そのため，少なくともわれわれは，最初から明白であることは，ことによるとあまりにも明白すぎるために，その意味を充分に認めることができなかった。意味の構成に際して，個々人が使用する象徴のシステムは，すでに使用可能な状態で，すでに「そこに」あった。つまり，文化と言語の中に確立されているシステムであった。象徴のシステムはある特殊な共同の道具一式からなっており，その道具を一度使うと，それを使った者はその共同体の色に染まった。われわれ心理学者は，有機体一般が自然環境に対してどのようにしてうまく適応できるようになったのかという問いを発しがちだが，それと同様に，個々人がこれらのシステムをどのようにして「得た」のか，つまり，個々人がそれらをどのようにして自分たちのものにしたのかという問題にも集中していた。われわれは言語に対する人類の特別な生得的レディネスに興味をもつようにさえなった（それはまた個体主義的な方法で）。しかし，二，三の例外，特に有名なのはVygotskyの場合があるものの，われわれ心理学者は，言語の使用が種としての人類の性質に与えた影響について追究はしなかった。わ

れわれは，文化の出現が，人間の適応や人間の機能に対して何を意味したかということを充分把握するには時間がかかった。文化の出現は，人間の脳の大きさや力の増大だけではないし，二足歩行で手が自由になったということだけでもない。象徴システムの共有，共同生活や共同労働様式の伝統──要するに人間の文化──の同時発現ということをそこから除いてしまえば，それらは取るに足らない単なる進化における形態学上の諸段階にすぎなかった。

　文化がその支配下で生きている人びとの心に形を与える主要な要因となった時，人間の進化に境界線が画されたのである。自然のというよりもむしろ歴史の所産である文化は，今ではわれわれの適応しなくてはならない世界であり，また適応するための道具一式となったのである。一度境界線が引かれると，それは，「自然な」心が付加物としての言語を単に**獲得する**だけの問題ではもはやなくなった。そしてまた，文化は生物学的欲求を調整したり，調節するというような問題でもなくなった。Clifford Geertz が言うように，文化のもつ**構成的**役割がなければ，われわれは「実行力をもたぬ怪物であり…不完全で未完成なままの動物にしかすぎない。われわれは文化を通して自分自身を完成し，仕上げるのである」[18]。

　これらのことは，今日人類学ではむしろまったく当たり前の結論となっているが，心理学ではそうではない。議論のまさに出発点となるここで，それらについて言及するに足る充分な理由が三つある。第一の理由は深い方法論的ポイント，つまり構

成的な理由である。個人だけに基づいて人間心理学を構成できないのは、人類が文化の**中**に参加し、文化を**通して**心的な能力を実現するからである。何年か前の私の同僚である Clyde Kluckhohn がよく主張していたように、人間はあるがままで終わるのではない。つまり、人間は文化の表現である。世界というものを、個人それぞれの方法によって処理される情報の冷淡な流れとして論じることは、個人がどのように形成され、どのように機能するのかを見落すことになる。もしくはもう一度 Geertz を引用するなら、「文化から独立した人間性というようなものなどは存在しない」のである。[19]

　第二の理由はこの結果として起こり、第一の理由に劣らず説得力がある。心理学が文化にすっかり浸されているとすると、心理学は、人類を文化に結びつけている意味作成や意味使用の過程を中心にして組織されなくてはならない。このことは、心理学において、われわれをより主観主義的な考えに立たせようとするのでは**決してない**。まさに逆である。文化に参加することによって、意味は**公共的**で、**共有される**ようになる。われわれが文化的に適応した生活ができるかどうかは、意味が共有されているか、概念が共有されているか、ということにかかっている。また、意味や解釈の違いについて折衝するための談話モードが共有されているかどうかにもかかっている。第3章で論じるつもりであるが、子どもは自分の所属している集団の生活の中に、一次的過程の個人的で内閉的な変わり者として加わるのではなく、むしろ、そこでは公共の意味折衝がなされるより

第1章　人間研究のあるべき姿　17

広い公共的過程への参加者として加わっていくのである。そして，この過程では，もし子どもが意味を他者に共有してもらえなければ，意味は子どもにとって何の利益もないのである。「秘密」（それ自体文化的に定義されるカテゴリーであるが）のように，見かけは私的な現象でさえ，いったん明らかにされると公然と解釈できるようになり，ありふれた——まるで広く認められている事実であるかのようにパターン化された——ものにさえなるのである。われわれの行為の意図していた意味が不明確な場合，自分のおかした例外的行為を「弁解する」ために，標準化されている手段さえある。それは，意味を公共化し，それによってわれわれがやっていることを再び正当化するような標準的方法である[20]。われわれの談話がいかにあいまいで，多義性をもっていても，それでも，われわれの意味していることを公共の領域に持ち出し，そこで折衝することができる。つまり，われわれは，公共化された意味および解釈と折衝についての共有化された方法によって，公共的に生活しているのである。解釈はそれがいかに「深く」なろうと，公共的にアクセス可能なものでなくてはならない。さもなければ，文化は無秩序におちいり，さらにばらばらになってしまうのである。

　文化がなぜ心理学の中心概念の一つでなくてはならないのか，ということの第三の理由は，フォークサイコロジーと私が呼ぶつもりのものの手中にある。フォークサイコロジーは，第2章をそれにあてるつもりであるが，何が人間をそのようにふるまわせるのかということを，文化によって説明する。フォークサ

イコロジーは，自分自身および他の人たちの心の理論，動機の理論，その他すべてを含んでいる。「民族植物学」や「民族薬理学」や，結局は科学的な知識によって置き換えられることとなるその他の素朴領域研究の呼称と対応させるためには，フォークサイコロジーを「民族心理学」と呼ぶべきであろう。しかし，フォークサイコロジーはたとえ変化しても，科学的なパラダイムには置き換えられない。というのは，フォークサイコロジーは，志向的状態——信念，欲求，意図，社会的関与——の本質や原因や結果を扱うからである。この志向的状態は，大部分の科学的心理学が，人間の主観性の外側に立つ観点から，Thomas Nagel がいみじくも名づけた「どことも知れぬ所からの観点」から，人間の行為を説明しようとする努力の中で，却下している問題である。そこでフォークサイコロジーは，日常生活上での対処のしかたを支配し続けている。そして，たとえ変化しても，客観主義に服従させられまいと抵抗するのである。というのは，フォークサイコロジーは，志向的状態——信念，欲求，社会的関与——の中に浸されている言語と，共有化された概念構造の中に根づいているからである。そして，フォークサイコロジーは文化の反映である故に，その文化のもつ知の様式のみならず，価値づけの様式にあずかっているのである。事実，フォークサイコロジーはそうせざるをえない。なぜならば，その文化が規準的に志向している諸制度——その文化の法律，教育制度，家族構造——は，フォークサイコロジーを強化するからである。そして確かに，今度はフォークサイコロジー

が，そのような強化を正当化する役割を果たすのである。しかし，それは後での話となる。

　フォークサイコロジーは固定されたものではない。文化が世界とその世界の人びとに対する反応を変えるのにともなって，フォークサイコロジーも変わるのである。Darwin や Marx や Freud のような知的ヒーローの見解が，どのように次第に変形され，フォークサイコロジーの中へ吸収されてゆくのかを問うことは価値あることであり，また，私がこのことを言うのは文化心理学が文化史とほとんど見分けがつかないことを明らかにするためである（最後の章で見るように）。

　フォークサイコロジーに対する反メンタリストの激しい怒りは，単にこの点を見落としているだけである。人間行動の日常的な説明の中の心的状態を取り除くために，フォークサイコロジーを投げ捨てるという考え方は，心理学が説明することを必要としているまさにその現象を捨て去ることと同然である。フォークサイコロジー的なカテゴリーによって，われわれは自分自身と他者を経験するのである。人が互いに期待し，判断し合うこと，人生のやりがいについて結論づけることなどもフォークサイコロジーを通してなされているのである。人間の心的機能と人間の生活を支配するフォークサイコロジーの力とは，文化がその必要に応じて人間を形作るまさにその手段を提供するという点にある。結局，科学的心理学は，フォークサイコロジーと同じ文化のプロセスの中の一部分であり，科学的心理学がフォークサイコロジーに対してとる姿勢は，科学的心理学がそ

の中に存在している文化に対して影響をもつ——そしてそれが，これからわれわれが扱おうとしている問題である。

III 「する」ことと「言う」こと

　しかし，私はあまりにも先まで次つぎと言い急ぎ，意味中心的，文化指向的な心理学から，非常にしばしば行動主義的科学者を遠ざけさせてきた警戒心をおろそかにしか扱ってこなかった。認知革命が本来の目的からその一部を容易に遠ざけてしまったのもまさにこの警戒心にほかならないと私は思う。その警戒心は主に二つの問題についてであり，二つとも科学的心理学の「基本となる問題」である。一つは，心理学としての**データ**すらない主観的状態の制限や排除に関する問題である。というのは，操作主義は，主観的状態を，たとえば「弁別反応」として受け入れることを認めるが，**説明**概念としては受け入れることを認めないからである。そして，たしかに意味と文化，そしてフォークサイコロジーにおいてそれらが具体化したもののもつ媒介的役割について私が今提起したことは，主観性を説明概念としての地位にまで高めるという「罪」を犯すように見えるかもしれない。われわれ心理学者は，実証主義の中に生まれており，信念，欲求，意図のような志向的状態についての観念を説明として用いることは望まない。もう一方の警戒心は，相対主義と普遍概念の役割とに関係している。文化に基づく心理学

第1章　人間研究のあるべき姿　21

というと，あたかも，研究する文化ごとに別々の心理学の理論を必要とするという相対主義の泥沼におちこむに違いないように響くこととなる。次にこれらの警戒心のおのおのについて考えてみよう。

われわれが説明概念として主観主義を使うことに対する不信の多くは，人が**言う**（*say*）ことと実際に**する**（*do*）こととの間にあるとされる食い違いの扱い方に関係していると私は思う。文化に敏感な心理学（特にフォークサイコロジーに媒介要因としての中心的な役割を与える心理学）は，人が実際に何を**する**かだけではなく，何をすると**言う**かや，したことについて何が彼らをそうさせたかと**言う**かに基礎を置くし，また基礎を置くべきである。それは，人びとが他人のしたことやなぜそうしたのかについて**言う**ことにも関係している。そして特に，文化に敏感な心理学は，人びとが自分たちの世界はこのようであると**言う**ことに関係している。内観が心理学の中心的な方法から排除されて以来，このような「言われた」ことによる説明は信用できないものとして，そして中途半端な哲学的方法としてさえも正しくないものとして扱うように教えられてきた。Richard Rortyが指摘したように，われわれは，意味の検証主義的規準に夢中になって，「良き心理学」を含む「良き」科学の規準としての予測にもっぱら身を捧げるようになってしまった。[22] それ故，われわれは，人が自分や自分の世界について，または他者と他者の世界について言っていることを判定する際，それは人が**する**こと，**した**こと，**しようとする**ことについての立証可能

な記述を予測するか，また供給するかの点から見ることがほとんどすべてである。もしそうすることができなければ，われわれはHume的な激しさをもって，そこで言われたことを「誤りや錯覚にほかならない」として扱う。もしくは，たぶん，それが適切に解釈される時でも，その予測を本来の目標とした行動の真の「原因」へとわれわれを導く単なる「兆候」として扱うだけである。

Freudでさえ，「心的実在」という考えに一時的に没頭し，この心の鋳型という考えを抱いていた——というのも，Paul Ricoeurが辛辣に言っているように，志向的状態の説明に難色を示していた19世紀の物理主義者のモデルに，Freudは時どき執着していたからである。そのため，われわれが人の**言う**ことを蔑視するのは，ポストフロイディアンである現代の人間としてうけついできた遺産の一部分なのである。人が言っていることは「単に」顕在的内容にすぎない。真の原因は，通常の意識では近づくことさえできないことであろう。われわれは自我防衛と合理化についてはすべて知っている。自己についての知識に関して言うなら，自己は抑圧と不安の間の相互作用に固定されている妥協症状であり，自己はたとえ知られるようになるとしても，精神分析という道具を使って考古学的に掘り出されなくてはならない構成物なのである。

あるいは，より現代的な用語で言うならば，Lee RossとRichard Nisbettによって報告された入念な研究にあるように，人は自分の選択の根拠も，これらの選択の分散をゆがめる偏り

も正確に記述することはできないのは明らかである[24]。そして，もしこの一般化のより強力な論証が必要であるならば，Amos Tversky と Daniel Kahnemann のしごとの中にそれは見出されるはずである。ちなみに彼らは，その先駆をなすものとして，実に Bruner, Goodnow, Austin による周知の著書を引いているのである[25]。

「人が言うことは必ずしも人がすることとは限らない」という非難には，奇妙な曲解が存在している。これは人が**する**ことの方が人が**言う**ことよりも重要であり，より「事実らしい」という意味を含んでいる。もしくは，人が言うことはそれが人がすることについて明らかにしうることに対してのみ，重要であるということを意味しているのである。それはまるで，心理学者は，心的状態やそれらの組織化されたものと完全に手を切りたがっているかのようであり，結局，「言うこと」は，人が考えたり，感じたり，信じたり，経験したことについて言っていること**だけ**に限るものと断定したがっているかのように見える。他の方向，つまり，人が**する**ことは，人が考えたり，感じたり，信じたりすることをどのように示すのか，という方向への研究が少ないのは何と奇妙なことであろうか。このことは，われわれのフォークサイコロジーが，「見せかけ」や「不誠実」というようなカテゴリーについて示唆に富んでいるという事実にもかかわらず，そうなのである。

科学的心理学のこの一方的な強調は，言うこととすることの関係をわれわれが日常生活で扱っているしかたに照らしてみる

と，確かに奇妙である。まずはじめに，人が攻撃的にふるまう時のことをとりあげよう。その時，対処すべき最初のステップは，彼らが今したように見えることが，彼らの本当にするつもりであったことなのかどうかを見出すこと——つまり，彼らの心的状態（言うことによって明らかにされるような）と彼らの行い（することによって明らかにされるような）とが，一致するのかしないのかを知ること——である。そして，もし彼らがそれをするつもりではなかったと言うならば，われわれは彼らを放免するだろう。もし彼らがその攻撃的ふるまいを意図していたのならば，われわれは彼らに「言って聞かせる」——つまり，「彼らにそのように行動するのをやめるように話す」——ように努めるであろう。もしくは，彼らが「釈明すること」によって，自分の行為に対するわれわれの嫌悪感を除こうとするかもしれない。そこでの「釈明すること」とは，非難の免除として自分の行動を説明し，正当化するための言語的な方法である。人がきわめて多くの他者に対して，攻撃的であり続ける場合は，その人を誰かが説得して精神科医の所に行かせ，**会話療法**によって，その**行動**を癒してもらうようにしむけることさえ必要かもしれない。

　確かに，どんな日常的な出会いの中でも，その当事者が大部分の行為に置く意味は，ふるまう前か，ふるまいながらか，またはふるまってしまってから彼らが互いに何と言うか次第で決まるのである。または，ある特定の文脈があるとすれば，他者が何を言**お**うとするかについて，何を前もって仮定できるか次

第で決まるのである。これらのすべては，非公式レベルの対話においてだけではなく，成文化されているような公式的レベルでの特別な対話，たとえば法体系においても，自明のことである。契約の法則とは，そこで言われていることとその遂行活動との間の関係にもっぱら関わっている。そしてまた，それ程公式的ではないが，夫婦関係，親戚関係，友人関係，同僚関係での身の処し方も同じである。

　それは二つの方向に働いている。発話の意味は，それに伴う一連の行為によって大きく影響されるのであって（たとえば「それを言う時には微笑みなさい」という例のように），それはちょうど行為の意味が，行為者の言っていることによってのみ解釈できるのと同じである（うっかりぶつかった時に「すみません」と言う例のように）。結局，John Austin が発話行為論を披露してから，今では四半世紀たってしまっている。[26] 人が言うことが，その人のしようとしていることを予測し得るかどうかということだけに専念しようとする人たちに対して，与え得る唯一の当を得た答えは，言うこととすることをこのように二つに分けることは，悪しき哲学，悪しき人類学，悪しき心理学，そして受け入れがたい法学を是認することだということだけである。言行は，文化指向的心理学において，機能的に不可分なユニットを表象している。次の章において，フォークサイコロジーの「作業格率」のいくつかについて論じる時，これが重大な考察になるであろう。

　文化指向的心理学は，人が自分の心的状態について言うこと

を退けたり，彼らの言っていることを，まるで外に現れる行動に対する予測的な指標でしかないように扱うことはしない。その心理学が中心としているのは，むしろ，**生活の中の日常的行為**において，行為と言うこと（または経験すること）との関係が，解釈できるということである。文化指向的心理学は，言うこと，すること，そして言行が起こる状況との間には，公然と解釈できる適合性があるという立場をとっている。つまり，われわれが言うことの意味と，ある状況下でわれわれが行うことの間には，了解された標準的な関係があり，それらの関係がわれわれと人がお互いどのように生活を送るかを支配しているということである。さらに，これら標準的関係が侵された時，常道に戻るための折衝の手順もある。実際，このことが解釈と意味を，文化心理学の――またはあらゆる心理学つまり精神科学の――中心たらしめているのである。

　文化心理学は，ほとんど当然のこととして，「行動」ではなく，「行為」の研究に専念することであろう。つまり志向性に基づくその対応物としての行為，より明確に言うと，**状況の中に位置づけられた行為**――文化的環境の中に，そして関与者の相互に影響しあう志向的状態の中に位置づけられた行為――についての研究である。ただしそのことは，文化心理学が研究室内実験や，人間の普遍性についての研究を永久になしですすべきだと言っているのではない。普遍性の問題について，これから論ずる。

Ⅳ 生物的制約と文化的創意性

　心理学はその説明体系において,「意味を用いない」でおこうとする努力をやめるべきであると私は主張してきた。心理学の主題である人と文化こそ, 共有された意味と価値によって支配されているのである。人はその生涯を, 共有された意味と価値の追求と達成にあて, それらに生をかけるのである。一連の超越的な人間普遍性がいつの日か発見されるとしても——たとえこれら普遍性を制限する個々の「比較文化的」な諸変異がくわしく明らかにされるとしても——, 心理学は文化ぬきであるべきだと論じられてきた。27 ここで私は, 人間普遍性の理解にあたって, 文化心理学に合致し, しかも, 相対主義の不確定性と比較文化心理学の浅薄さからは免れる方法を提起しよう。文化心理学は, 行動の普遍性の法則の中の局所的な変異を説明するために, 二, 三のパラメータを用意するような比較文化的心理学などでは決して**ない**のである。そしてまた, やがて見るように, 文化心理学は, 心理学をゴムのような相対主義に追いやるものでもないのである。

　普遍性の問題の解決は, 人間科学が19世紀から受け継ぎ, 広く支持されているがむしろ旧式の誤った考え, つまり生物的なことと文化の関係についての一つの見方を白日の下にさらすことにある。その見解では, 文化は生物的に決定された人間性の

上に「おおいかぶさっているもの」であると考えられてきた。人間の行動の**原因**はその生物的な基質にあると仮定されていた。私がそれに代わって論じたいのは，文化と文化に含まれている意味の追求が人間の行為の本当の原因であるということである。生物的基質，いわば人間性の普遍性は，行為の原因ではなく，せいぜい，行為への**制約**もしくは行為のための**条件**である。車の中のエンジンが，一週間分の買物のためにスーパーマーケットへわれわれをドライブさせる「原因」ではないし，同様に，われわれの生物的な生殖システムが，きわめて高い確率で，われわれを自分自身と同じ社会階級や民族等の誰かと結婚させる「原因」ではないのである。エンジンパワーの車がなければ，われわれはスーパーマーケットへドライブをしないだろうし，生殖システムを欠いていたなら，結婚しないだろうとしても。

　しかし「制約」ということばは，問題をあまりにも否定的にしすぎる。なぜならば，人間機能に対して生物的に課せられている限界は，文化的発明を挑発する力として働くからである。どの文化の道具一式も，人間がそれによって人間機能の「自然の限界」を超え，さらにはその限界を決めなおすことさえできる人工装置のセットとして記述しうる。人間の道具——ソフトにせよハードにせよ——は，まったくこの通りになっている。たとえば，直接記憶に対して制約的な生物的限界—— George Miller の有名な「7 ± 2」——がある。しかしわれわれは，この限界を超えるための象徴的装置を構成してきている。たとえば，8桁法，記憶術的工夫，語呂合わせのような符号化シス

テムを作ったのである。われわれ文化化した人間は、そのような符号化システムをとおして入力データを変換することにより、情報を七つの**ビット**ではなく、七つの**チャンク**として処理することが可能になるということが、その画期的な論文におけるMillerの主眼点であったことを思い出そう。このようにして、われわれの知識は文化化した知識となり、それは文化的基礎をもった観念システムの中でなければ定義できないものとなるのである。この方法で、いわゆる生物として設けられている記憶の限界をわれわれは突破してきたのである。生物的制約、それはあるのだが、決して永久不変のものではないのである。

また、いわゆる自然な人間の動機について考えてみよう。人が空腹を覚えたり、性的な気分になったりすることや、それらの状態に対して生物的な基質が存在していることを否定するのは愚かなことであろう。しかし、敬虔なユダヤ教徒がヨム・キップールの断食に、敬虔なイスラム教徒がラマダーンの断食に身を捧げるのは、飢えの生理による説明では捕らえられない。そして近親相姦のタブーが強力で支配的なのは、性腺刺激ホルモンの性質によるのではない。また、ある食べ物やある食事の儀式に文化が関与しているのは、生物的動因が心理的選好へ単に「変換した」のではない。われわれの欲求とわれわれの行為は、それら自身として、象徴的手段によって媒介されているのである。Charles Taylor が彼のすぐれた近著 "*Sources of the Self*" の中で取り上げているように、文化の関与は単に選好だけではない。われわれがある生き方で生きることが困難である

とたとえ分かっていても，その生き方が生きるに値し支持するに足るとするのは，一つの信念であり，彼の言うところの「存在論」なのである。第4章で見るが，われわれの生は，その生き方によって可能となるような実践を見つけ出すことに当てられるのである——必要ならば苦しんでもそうするのである。

明らかに，生き方への関与に働く制約には，また文化的というよりもより生物的な制約もある。肉体的な疲労，飢え，病気，そして痛みはわれわれの交わりを砕いたり，またその成長をおさえることができる。Elaine Scarry が彼女の感動的な書 "*The Body in Pain*" で示しているように，痛みの力（拷問の時のような）は，個人的文化的世界とのわれわれの関係を拭い去り，われわれに希望と奮闘に向かう目標をもたらす意味ある文脈を一掃してしまうのである。痛みの力は，人間の意識を狭窄し，拷問者が知っているように，人を文字どおりけだものにしてしまうまでに到る。そしてまたそのような時でさえも，生を意義づけるような意味との繋がりがきわめて強力であると，痛みがいつも人間のけだもの化に成功するとは限らない。ホロコーストやその死のキャンプの恐ろしき獣性化は，殺りくと同じく脱人間化をするために計画された。そしてこのことが，これらの獣性化を人間の歴史における最大の暗黒部たらしめているのである。これほどのスケールで，またこれほど制度化した形での殺りくはそれまでなかったが，それ以前にも人類は互いに殺し合ってはきた。しかし，苦しみ，痛み，そして耐えがたい屈辱をとおして，人間性を奪おうとする努力がこのように結

集されたことはいまだかつてなかったのである。

　Wilhelm Dilthey が，常に更新し変化しやまぬ人類を養い導く文化の力を認めたことは，彼とその **精神科学**（文化に根ざした彼の人間科学）の功績である。私自身，彼の大志の盟友たらんと願っている。本書で私が論じたいのは，決め手となるのは文化と意味の探求であり，制約になるのは生物的なことであること，そしてすでに見てきたように，文化は，その力で生物的制約を緩和することさえできるということである。

　しかし，これが人類とその未来についての新しき楽観主義への序文のように見えてはいけないので，先に約束した相対主義の論点に戻る前に，一点だけ主張しておこう。人間文化は，それがもつ生成的発明性のすべてにとって必ずしも都合よく働くというわけではないし，困難な事態に応じて著しく適応性があるというわけでもない。古くからの伝統的流儀であるが，人間文化の失敗に対する罪を「人間性」——本能にせよ，原罪にせよ，何にしても——に着せることが，いまだに習慣になっている。Freud は，人間の愚かさに対して鋭い目をもってはいたが，彼でさえこの罠にしばしばおちいっていた。特にそれは本能に関する彼の学説において明白であった。しかし，たしかにこれは，弁証論の便宜的で自己緩和的な形式である。たとえば，結果として利己心とあわれみという腐食をもたらし，現代の生活を侵害する官僚主義的制度化を説明するために，生物として受けついできたものに訴えることが本当に可能なのだろうか。生物的な悪魔つまりオールド・ネッドに訴えるということは，

われわれが自身で創造してきたものに対する責任をごまかすことである。象徴的文化を形成し，それを実行するのに必要な組織的勢力を適切に用意する力をわれわれはもっているにもかかわらず，自分たちが望むと公言している目的に向けて，自分たちの創造した物を巧みに操ることにそんなに熟達しているとは思われない。われわれは，人間のゲノムの失敗を訴えるよりも，共同体的生き方を構成したり再構成する人間の巧みさを問題にする方がよいのである。しかしこのことは，共同体的生き方が，たとえ生物的制約が無いとしても，簡単に変え得るものだと言っているのではない。本来あるべき注意の焦点を，われわれの生物的な制約にではなく，われわれの文化的創意性の上にあてよと言っているだけなのである。

V 構成主義と相対主義

　そこで，先に述べたように，われわれが相対主義の問題へと導かれるのは避けられない。われわれは，社会的世界を構成することに充分「熟達している」わけではない，つまり「巧妙である」というわけではないと言う時，何を意味しているのであろうか。誰がそう判断するのだろうか。またどんな規準によるのだろうか。もし文化が心を形づくるなら，そしてもし心がそのような価値判断をするならば，われわれを避けがたい相対主義にとじ込めることにならないのか。われわれは，これが何を

意味しているのか調べてみる方がよい。最初に関わるべきことは，相対主義の評価的側面よりもむしろ認識論的側面である。われわれが知っていることは「絶対的」であるのだろうか，それとも，それはある見方，つまり，ある観点に対して常に相対的であるのだろうか。「はえぬきの実在」というものはあるのだろうか，それとも，Nelson Goodman が言うように，実在は一つの構成物なのであろうか。現代の思慮深い人びとの多くは，多少穏当な見通しの立場を選ぼうとすることであろう。しかし，唯一はえぬきの実在という観念を完全に捨てる備えのある人はきわめて少ししかいないのである。確かに，Carol Feldman は，見せかけの人間普遍性を提起さえした。その主な主張は，われわれは自分たちが認知的に判断した結論に，特定の「外界の」存在論的地位を賦与しているということである。われわれの思考は，いわば，「ここの内に」ある。われわれの結論は，「外のそこに」ある。彼女はこの人間の完全な失敗を「存在のダンピング」と呼んだ。そして，彼女は自分の提起している普遍性の具体例を遠くにまで探す必要はなかった。しかしながら，大部分の人間の相互作用において，「実在性」は文化の中に深く埋め込まれている構成と折衝の過程の結果である。また，その過程は長期に複雑化されている。

　このような構成主義を実行し，そうしているとわれわれが認めることから導き出された結論は，思いこまされているほど極端なものだろうか。このように実行することは，「何とでもなる」相対主義へと本当に導くのであろうか。構成主義の基本的

主張は，知識とはわれわれが選び取っている見方に照らして，「正しい」か「誤り」であるかということだけである。この種の正と誤は──われわれがたとえうまくそれらを検査できようとも──，総計して絶対的な真や偽となるのではない。われわれが望みうる最善のことは，「正しさ」と「誤り」について主張する時に，われわれ自身の見方と他者の見方に気がつくことである。このように考えていくと，構成主義が風変わりなものだとはほとんど思えなくなる。構成主義は，法学者が「解釈可能な言い回し」とか，彼らの一人が「権威的意味」からの転換とよんでいるものなのである。

　Richard Rorty は，プラグマティズムの帰結を探る中で，解釈主義は，哲学からその「根本的」地位を剥奪しようとして，深く緩やかに進行する運動の一部であると論じている。[33] 彼はプラグマティズムを，「『真理』『知識』『言語』『道徳性』やその他同様に哲学的理論化の対象となっている観念に向けられた単純な反本質主義」として特徴づけており，私が表現してきた見解はそのカテゴリーに入るのである。さらに，彼は William James が「真理」ということを「信ずるにあたって申し分のないもの」と定義していることを引きながら，プラグマティズムを説明している。James を援護して，Rorty が述べているのだが，「彼の主眼点は，真理が『実在と対応』していると言っても無駄だということにある。…確かに，自分が信じているセンテンスは，世界の中にある物同士の関係と同型の内的構造を持っていると考えることによって，世界の部分同士を対にす

第1章　人間研究のあるべき姿

ることができるかもしれない」。しかし，人がいったん「その猫はそのマットの上にいる」というような単純な陳述を超えて，普遍性や仮説や理論などを扱い始めると，そのような対化は，「寄せ集めで**その場しのぎ**」のものになる。このように対化を実行しても，「世界についてわれわれの今もつ見方が，およそ，なぜそれをもつべきであったのか，またそれはもつべき見方であるのか」ということを決定するにあたっては，あまり役に立たないのである。このようなことを限界まで進めることは，「本質をもつべく真理を欲する」ということであり，それはなんらかの絶対的な意味においては真であると Rorty が力説しているのは当然のことである。しかし，真理について有効な何かを言うことは，「理論よりもむしろ実践を，…熟考よりも行為を探求する」ことであるとも彼はさらに言っている。「歴史は階級闘争の物語である」というような抽象的な陳述は，「その主張がそれを正しいものとさせるのか」というような問いに限定することによって判断されうるものではない。プラグマティックな見通しをもった問いの方がより適切であろう。「それを信じることはどのようなことになるのだろうか」とか，「もし私がそれを信じるならば，私は何をひきうけることになるのだろうか」というような問いである。そしてこれは，「知識」や「表象」や「理性」という定義的本質を確立する原理を探し求めている一種の Kant 流の本質主義からはるかに離れたところにあるのである。[34]

　一つの小さな事例研究をあげてみよう。われわれは，知的卓

越性ということについてもっと知りたいと思っている。そこで，ふと思いついたのだが，「それ」を査定したり「その」発達を予測するための測度として，学校成績を用いることに決めたのである。結局，知的卓越性に関するかぎり，学校成績は欠くことはできない。われわれの選んだ見方に照らしてみると，アメリカの黒人は白人よりも「卓越性」が少なく，ひるがえって，白人は，アジア人よりも「卓越性」がわずかに少なかった。**それは**どのような種類の発見であろうか，とプラグマティックな批評家はたずねる。それに続く論戦において，善意がまさるならば，脱構成や再構成とだけ呼びうる過程が起こるであろう。学校成績とは何を意味し，それは他の形態の成績とどのように関係しているのであろうか。そして知的卓越性についていうなら，一体「それ」は何を意味しているのであろうか。それは，単一のものであろうか，複数のものよりなるのであろうか。そして，その定義そのものは，文化がどのような特性を尊重し，賞を与え，奨励するものとして選び出してゆくのか，その捉え難いプロセスに依拠しているのではないのだろうか――Howard Gardner が提起したように。[35] また，政治的に見ると，学校成績自体は，「持てる者」の子どもたちを正当と認め，他方で「持たざる者」の子どもたちを周辺へおしやるような方式のカリキュラムを採択することによってもたらされたものではないだろうか。そのうち，「知的卓越性」とは何で**ある**かという問いは，さまざまな環境――政治的な，社会的な，経済的な，さらに科学的な環境――に照らして，われわれはその概念をど

のように**使おう**と望んでいるのかという問いに置き換えられることであろう。

　これは一つの典型的な構成主義者の論戦であり，それを解決するための典型的なプラグマティズムの手順である。それは相対主義なのであろうか。これは，いずれの信念も他のすべてのものと同様に正しいとする相対主義の憂うべき形であるのか。誰かがそのような見地を本当に支持しているのであろうか。あるいは，相対主義は，むしろ，本質主義哲学者たちが，「ありのままの真理」に対する自分たちの信仰を支えるために想像で呼び起こした何か——純粋理性ゲームにおいて略奪者的役割を常に割り当てられている想像上の勝負相手——なのだろうか。Rorty が相対主義は構成主義とプラグマティズムにとって躓きの石ではないと言う時，私は彼のことを正しいと思う。プラグマティストの問い，つまりこの見解が，世界に対する私の見解や世界への私の関与にどのように影響するのであろうかという問いを発しても，「何とでもなる」という所へは決していきつかない。その人の関与のしかたをよりよく探究しようとすれば，それは前提条件の意味を解明することへと導かれることであろう。

　James Clifford は，彼の思想豊かな著"*The Predicament of Culture*"の中で，文化がかってもし等質であったとするならば，今ではもはや等質ではなくなっているが，人類学の研究は必然的に多様性の処理の道具となると指摘している。[36] 本質や「なまの実在」からの論議は，「実在性」というマントで伝統を

おおい隠すことによって，文化的停滞や疎外を創りだす手段となることさえあるかもしれない。しかし構成主義が社会的関与を弱めたり浸食するという非難はどうなるのか。

　もし知識が観点と相対的であるならば，価値の問題，観点の**選択**についてはどうなのだろうか。それは単に選好の問題であろうか。価値は単なる選好なのであろうか。もしそうでなければ，われわれはいろいろな価値の間での選択をどのように**する**のであろうか。この問いについて二つの魅惑的で人を惑わせる心理学的な見解がある。それらのうちの一つは，道具立てとしては表面上は合理主義者的見解をとっており，他方はロマン主義的な非合理主義者的な見解をとる。後者の見解では，価値は本能的に出てくる反応の一つの機能であり，心理的葛藤や気質などに置き換えられるということを支持する。非合理主義者が文化を説明する限りでは，文化は供給源，つまり，価値のカフェテリアとして存在している。価値のカフェテリアでは，そこから人が自分の個人的な動因や葛藤のもつ機能として価値を選んでくるのである。価値は，それが個人を文化にどのように関係づけているのかという点からは見られない。また，価値の安定性は，強化のスケジュールや神経症的硬さなどの定着剤によって説明されるのである。[37]

　合理主義者はまったく異なった見解をとる。主として経済理論に由来しているが，たぶんもっともよい例は，合理的選択理論によるものであろう。合理的選択理論によると，われわれは，自分がもつ価値を，自分の選択の中に表現している。[38]それらは，

状況ごとに効用説，最適化のルール，後悔の最小限化などのような合理的なモデルによって支配されている。これらの選択は（適切な条件下では），注目すべき規則性を呈するが，それは，鳩を使ったオペラント条件づけ実験の中に観察される種類の機能をまさに思い出させる規則性である。しかし心理学者にとって，「合理的選択」に関する文献で興味あるのは，主としてその見事な例外，効用性のルールへの違反を示す文献である（効用性とは，一つの特定の選択が結果として価値の倍増をもたらすことであり，首尾よく実行されるかについての主観的確率である。そして効用性は，Adam Smith 以来の形式的経済理論の基石となってきたものである）。その例外について考えてみよう。たとえば，Richard Herrnstein は，その例外の一つとして，「山ほど高くつく」と言われる場合について面白く述べている。たとえば，自分がたぶんコンサートの半数しか行かないだろうと分かっていても，シンフォニーのシーズンチケットを買う方を人はむしろ好むことがよく見られる。[39] この例外の方を論じる方法は，選択の状況において「俗物性」や「拘束」や「怠惰」に価値を付与することである。そこで付与された価値は，結果を効用説に一致させることになる。もちろん，これは秘密にしていた計画をもらすことである。もし効用説（またはその変形の一つ）を容認するならば，あなたは選択行動をその教義に一致させるようなしかたで，単に選択に価値を付与するだけである。合理的選択理論は，価値がどのように起こるのか――それらは本能的に出てくる反応であるのか，それとも歴史的に決定されるのか，

他の何か——については少ししか，またはまったく言及していない。

　価値に対する非合理主義者的アプローチも合理主義者的アプローチも，重大な論点を避けている。その論点とは，価値は「生き方」との関わりの中に内在しており，生き方はそれらの複雑な相互作用において文化を構成しているということである。われわれは各選択状況ごとに，考えもなく価値を決めるのではない。また価値は，強い動因や，どうしようもない神経症状のために孤立している個々人が生産した物でもない。むしろ，価値は，われわれが文化的コミュニティに対してもつ関係から見ると，共同的であり，必然的である。価値は，われわれがそのコミュニティに存在するための諸機能を果たしている。Charles Taylor が指摘しているように，生きるための基礎にある価値は，「基本的反射」だけに通じている。[40] 価値がその人の自己同一性に組み入れられるようになると，同時に，それらはその人を一つの文化の中に位置づけることになる。Sapir 的な意味で，文化が「見せかけ」でない限り，生き方としての行為に充分な基礎，少なくとも対人折衝の基礎は，文化の一員がその価値に関与することによってもたらされるのである。[41]

　しかし葛藤は，文化が押しつける現代生活の多元性と急速な変化によって創り出されると言いうる。その葛藤とは，関わり合いにおける葛藤，価値における葛藤，そしてそれ故に，価値に関する知識についてなされるさまざまな主張の何を「正しい」とするかの葛藤である。われわれはこれらの境遇の下で，

「社会的関与の将来」をどのように予言するのか分からないだけである。しかし現在の世界的条件の下では，「絶対的価値」という観念を頑固に主張することによって，不確定性が払拭されるだろうと思うのは滑稽である。人が望みうるすべては，お互いの世界観における違いについて進んで折衝してゆこうとする意志を支えとして存立が可能となるような多元性を求めてゆくことなのである。

　このことは，私が主張すべき最後の一つの一般的な論点，つまり私が提起している文化心理学は，相対主義の亡霊に悩まされる必要はないと，なぜ信ずるのかについてのさらにふみこんだ一つの理由へといたらしめる。文化心理学は開かれた心性ということに関係している——政治においても，科学においても，文学においても，哲学においても，また芸術においてもそうである。私は，開かれた心性とは，自分自身のもつ価値への関与を失うことなく，自ら進んで多様な見方から知識と価値を解釈することであるととらえている。開かれた心性こそ，われわれが民主主義的文化と呼んでいるものの要である。民主主義的文化が神の力で定められているのでもないし，永久に存続性が認められているのでもないことを，多くの苦痛とともに学んできた。あらゆる文化と同じように，民主主義的文化も，それ独自の生き方と，現実に対応する構想とを生み出す価値を前提としている。民主主義的文化は，驚きという再活性化に価値を置くが，その開かれた心性が時どき与えるショックに常に耐えうるとは限らない。開かれた心性こそが，それ自身の敵を生み出す

のである。なぜならば、新奇性を欲するという生物的制約が確かに存在しているからである。私は文化心理学の構成主義を、民主主義的文化の深遠な表現であるとみなしている。[42] 文化心理学は、どのようにしてわれわれが今の自分の知識をもつに到ったのかを自覚すること、そして今の自分のもつ見方へ到らしめた価値について、可能な限り自覚することを要求している。文化心理学は、何を、そしていかにして知っているのかをわれわれが説明できることを求める。しかし文化心理学は、意味を構成する方法はただ一つしかないと、つまり唯一の真の方法があるだけだと主張しているのではない。それは、私は信じているのだが、現代生活の大きな特徴になっている変化と崩壊に対処するにあたって、もっともよくフィットする価値に基礎を置くものなのである。

VI 科学的心理学とフォークサイコロジー

　実証主義的「科学的心理学」が「フォークサイコロジー」に対してとっている敵対的立場の問題に最後に戻ろう。科学的心理学が、フォークサイコロジーの教義を攻撃し、論争し、それを取り替えようとさえする権利を主張するのはまったく当然である。科学的心理学は、心的状態や文化そのものを原因として用いる効力を否定する権利を主張する。確かに、そのもっとも極端な見解では、科学的心理学は「自由」や「尊厳」のような

概念を，錯覚の範囲のものとみなしさえしている。もっともそれらの概念は，民主主義的文化の信念システムでは中心ではあるが。この見解がさらに進むと，心理学は反文化的で，反歴史的なものであって，その還元主義は反主知主義であると言われることが時どきある。ことによるとそうだろう。しかし，多くの極端な実証主義者たちの「村の無神論者の集い」的熱狂が，人間の本性についての論戦を活気づけてきたことは事実である。そして実証主義者たちの「客観的」または「操作的」研究手続の強調が，われわれの思弁にある種の健全な厳しい影響を与えてきたことも真実である。しかし厄介な悩みの種が残っている。

　私は，ハーバードでのWilliam Jamesレクチャーにおける，Wolfgang Kohlerの"*The Place of Values in a World of Facts*" の最初の部分を思い出す。心理学の「〜にすぎない」(nothing but) 的な性格，つまり心理学では，人間の本性は条件反射，連合的結合，変形された動因の連鎖にすぎないとすることへの不満を訴える友人との仮想の会話を報告している。そして，この想像上の友人は，郵便配達人や総理大臣もこのような方法で考えるようになるとすると，一体どうなるのかと心配している。私もまた，モデルが，自分は自分の肖像画のようであると考えるようになるとどうなるのか心配である。Picassoに，Gertrude Steinの友人たちが，彼の描いた彼女の肖像画があまり似ていないと彼女自身が思っていると告げた時，Picassoがどのように返事をしたか思い出してみよう。「彼女にしばらく待つように言いなさい」と，そして「そら，似てく

るでしょう」と。しかし，もちろん，他方の可能性として，モデルがそのような画家と仲たがいするようになるかもしれない。[44] Adrienne Rich が言うように，「たとえば，先生という権威をもった誰かが，世界を描写し，その中にあなたがいなかったなら，まるで鏡の中を覗き込んでも何も見えなかったような，心的不安定な瞬間が生ずる」。[45]

民主主義的社会の知識人たちは，文化批判者としての共同体を構成している。悲しいかな，心理学者はそのような方法で自分自身を見ることはめったにない。その理由は主に，心理学者は，実証主義的科学によって生み出された自己像にもっぱら心を奪われているからである。この見地では，心理学は客観的真理にのみ関係し，文化的批判は避けているのである。しかし科学的心理学といえども，その真理は人間の条件に関するあらゆる真理と同様であり，その条件に対してとる観点のありかたと相対的なものであることを認識するならば，科学的心理学とはいえ，もっとよく事が運ぶはずである。そして，日常の人間のもつフォークサイコロジーというものが，一連の自己緩和のための錯覚*だけ*では決してなく，文化上の信条であること，そして，たとえ大きな個人的な犠牲を伴っても，人びとが一緒に生きることを何が可能にし，それを実現させているのかということに関する作業仮説でもあるということを科学的心理学が認識するようになる時，科学的心理学は大きく文化というものに対してより有効な姿勢をとることになるだろう。これが心理学の出発すべき所であり，そこでは心理学は人類学や他の文化科学

と切り離すことはできないのである。フォークサイコロジーが必要としているのは，説明することであって，言い逃れをすることではないのである。

第2章
文化装置としての
フォークサイコロジー

I　文化心理学とフォークサイコロジー

　第1章では，認知革命が「計算」のメタファーを使うことで，それを初めに引き起こした起動力からいかに逸れてきたかをくわしく述べた。そして，もとの革命の再生と回復を目ざして，私は一つの革命を強調した。その革命は，人間の心理学の中心となる概念は**意味**にあり，意味の構築に関わる過程と交渉作用にあるという確信によって促されたものである。

　この確信は二つの密接に関わる論に基づいている。一つは，人間を知るには，人間の経験と行為が本人の志向的状態からいかに作り出されるかを把握しておかなければならないことである。二つめは，この志向的状態の形は，それぞれに特有な文化というシンボリックなシステムに参加することを通してのみ分

かるということである。事実，われわれの人生の真の形態——つまりわれわれが心に抱く自伝という起伏に富み絶えず変わっていく草稿——でさえ，その解釈を可能にしている文化システムに依拠してのみ，自分にも他人にも理解されうるのである。しかし，文化はまた心の構成物でもある。文化の中でのこの実現によって，意味は私的かつ内閉的であるより，むしろ一般的かつ共同体的な形態を成すのである。英米の哲学者は，心の相互交渉モデルを個々に分離した個人的モデルに置き換えてきたため，他者の心は不透明で不可解なものとみなせるようになったのである。われわれが人生に仲間入りすることは，すでに上演が進行中の演劇の舞台へ登場するようなものである。そこではわれわれの演じる役や，どのような山場に向かうのかは，ある程度公開されたプロットによって決定されている。舞台上の他者は，この劇が何についてのものなのかをすでに知っており，新たな登場人物との折り合いをどうつければよいのかを充分に認識しているのである。

　私が提言している見解は，人間性に関して生物的なものと文化の間に考えられてきた伝統的関係を覆すものである。人間が生物的に受け継いだものは，その性質として，人間の行為や経験を指図したり形作ったりするものではなく，普遍的な原因として作用するものでもないことを断言しておく。むしろそれは行動に制約を課するものであり，その制約の効果は変容できるものである。文化がその特性として創り出しているのは，「生身の」人間としての生物的限界，たとえば記憶能力や聴力のお

よぶ範囲を超えることを可能にするいわば「人工器官的な装置」である。私が言わんとする見解は，裏返して言うと次のようなものである。人間の生や心の形を決め，行為の基底にある志向的状態を解釈可能な体系に位置づけることによって行為に意味を与えるのは，文化であって生物的なものではないということである。それは文化が有するシンボリックな体系——つまりある文化に属する言語や談話の様式，論理的，物語的な展開——の形式に固有のパターンや相互依存的な社会生活のパターンを考えることによってなされる。さらに言えば，人類の進化における神経の特質の淘汰に，文化的な要請や契機が重要な役割を果たしているという見解に，神経学者や自然人類学者も徐々に達しつつある。もっとも新しいところでは，神経解剖学の見地から Gerald Edelman が支持する説があり，他にも自然人類学の論拠に基づく Vernon Reynolds，そして，霊長類の進化データに関する Roger Lewin と Nicholas Humphrey のものなどがある。

これらは私の言ってきた「文化」心理学を支持する論拠の骨子となるものである。それは認知革命を引き起こすもととなった動機だけでなく，Dilthey が一世紀前に精神科学と呼んだプログラムをも捉え直そうとする努力である。この章では，われわれは主に文化心理学の一つの重要な側面に関わることになるだろう。私はそれを「フォークサイコロジー」と呼んできたが，それは「民間社会科学」(folk social science) と呼んでもかまわないし，あるいは単に「常識」とさえ言ってもいいだろう。

すべての文化は，それぞれを構成するもっとも強力な道具の一つとして，フォークサイコロジーというものをもっている。フォークサイコロジーとは，人間がいかに「暮らしていく」のか，われわれ自身の心と他の人びとの心はどのようなものなのか，ある状況下での活動がどのようなものと予測できるのか，それぞれの文化に可能な生き方とは何か，どのように他者と関わっていくのかなどについて，それらを多少とも関係づけ，標準的な形で述べるものである。われわれは自分たちの文化のもつフォークサイコロジーを早期から学習する。獲得したその言語の使い方や，共同体での生活に必要な対人交渉を取り結ぶことを学習しながらそれを身につけていくのである。

　これから進めていく主張の骨組みを挙げてみよう。最初に，私は，システムとして「フォークサイコロジー」という語で何を意味しようとしているのかを明らかにしておきたい。そのシステムによって，人びとは社会における経験，社会についての知識，また社会との関係のもち方を統合しているのである。そして，文化心理学におけるフォークサイコロジーの役割を明確にするために，こうした考えをもつに到った経緯についても少し触れておかなければならない。そして再び，フォークサイコロジーの本質を構成するいくつかの重要なポイントに戻るが，結果的に，フォークサイコロジーはいかなる認知のシステムであるのかを考察することになるだろう。それを統括している根本的な原理は，概念的であるよりもむしろ物語的である。ゆえに，私が考察しなければならないのは，物語の本質について

あり，既成の，あるいは規範的とされている予想にもとづいて物語がいかに作られているのかということであり，そのような予想の域から逸脱したものがいかなる心的処理にもとづいて物語として作りあげられるのかについてである。このような論を立て，われわれは物語がいかに経験を組織化してゆくのか，その例として人間の記憶を用いながらよりくわしく見ていく。そして最後に，これまで述べてきたことに照らして，「意味作成」のプロセスを解明していきたい。

II フォークサイコロジーの背景

　新しい認知科学者に嘲笑されながらも，「フォークサイコロジー」という語を考え出したのは，信念，欲求，そして意味といった志向的状態を進んで取り入れたいがためであった。しかし，その表現では，私が用いたい意味として適切であるとは言えないかもしれない。そこで，簡単にフォークサイコロジーがいかにできあがったか，その知の歴史の概要を述べてみたい。それによって問題をより広い文脈の中でとらえることができるはずである。

　この語は「野生の思考」への関心がより精密化された形で再び高まったことから，特に地域固有性をとらえる分類システムの構造から使われ始めたのである。C. O. Frake の公表した著名な研究は，ミンダナオ島の スバノン族の皮膚病の分類方法

についてのものであり，この後，民族植物学，民族航海学など に関する他の研究者による詳細な研究が続いた。この民族航海学研究は，マーシャル諸島の人びとが，星や水の表面の兆候，浮いている植物や木切れ，そして奇妙な占い法を使って，舷外浮材装置のついたカヌーをいかに操縦して海域を渡り，プルワット・アトルを行き来したかについてくわしく記されている。そこではプルワットでの漕ぎ手が知り，了解している航海術に関心が向けられている。[4]

しかし，これらの研究領域に接頭辞 *ethno-* が付けられる以前に，すでに人類学者たちは，文字をもたない未開人の基盤にある経験の構造に関心をもっていたのである。いくつかの部族，たとえば Meyer Fortes が1930年代に研究したタレンシー族などには，なぜ時間に支配されて起こると定義されるような危機がないのであろうか。彼らには，出来事はすべて「起こるべくして」起こっているのである。もっと以前の研究もある。たとえば Margaret Mead のものである。彼女は，サモア族の場合，青年期といった人生の段階が，なぜ非常に違った形で定義されているのかという疑問を投げかけた。[5]

概して人類学者たちは（少数の目立った例外はあるが），客観的な実証主義科学の唱える理想に惹かれることはなかったことから，すぐにと言ってもいいほどある疑問にぶつかった。異なる文化をもつ人びととの意識や経験の形態は，その程度や様式がかなり違っていて，異文化間での翻訳に大きな困難を生み出すほどなのかどうかという疑問である。プルワットの航海士の経

験は,西洋の人類学者の言語や思考に置き換えることができるのだろうか。あるいは西洋の人類学者の経験は, Edward Evans-Pritchard がその宗教を研究したニロート・ヌール族の言語と思考に置き換え可能なのか(Evans-Pritchard は,宗教上の信念についてのインタビューを終えた時,自分のした質問に対して聞きたいことはないか丁重に尋ねてみた。一人がはにかみながら,彼が手首にはめている神のようなものについて尋ねた。というのも,彼が重要な決定を下す時はいつも,それに頼っているように彼らには思えたからだ。Evans-Pritchard は,敬虔なカソリック信者であるが,はめている腕時計が神ではないことを発問者に説明することの難しさに驚いた。はじめに彼らがした質問に驚いたのと同じくらい驚いたのである)。

しばらく後に, Harold Garfinkel の率いる若き社会学者の一派は,前述のような論争が引き起こしたその種の認識論上の問題に留意しながら画期的な一歩を踏み出した。社会科学は,これまでの古典的な社会学的方法,つまり社会的な階層や役割や,その他**仮説によるもの**を設定する方法に代えて,「エスノメソドロジー」の原理で進めていくべきではないかと提言したのである。つまり,社会科学は,研究の対象となる人びとが日常生活で生み出している社会的,政治的,人間的差異に言及しなければならないとしたのである。その結果, Garfinkel と彼の一派は,民族社会学を提唱するに到ったのである。ほぼ同じ頃,心理学者 Fritz Heider が説得力のある論を展開し始めた。人間は自分**自身**の心理学に基づいて互いに他者と反応しあってい

るのであるから(いわゆる **心理学者** の心理学によるのではなく)，人びとの経験に意味を与えている「ナイーヴな」心理学の性質や起源を探るのが賢明であろうと。しかし実際は，Garfinkel や Heider の提案もそう目新しいものではなかった。Garfinkel は優れた経済社会学者である Alfred Schutz を認めており，Schutz がヨーロッパ大陸の現象学に触発されて書いた体系的な著作は，人間科学の反実証主義的な改革としての Garfinkel や Heider の研究の先駆けであった。[7]

もしわれわれが考えている見解にラベルを貼るとすると，Schutz 派の主張には，強力な **制度重視** の論旨が展開されている。それは，文化的な諸制度は，人間の行動についての常識的な信念を反映するようなしかたで構成されるというものである。B.F. Skinner の心理学という村の中での無神論が，人間の自由や尊厳の問題をうまく言い抜けようとどれほど試みても，不法行為を裁く法，自由に同意できる契約の原則，無情でゆるぎない刑務所や裁判所や不動産区分などの現実は残るのである。Stich(おそらくフォークサイコロジーのもっとも過激な批判者であろう)は，Skinner が欲求，意図，信念のような常識的な用語を「説明」しようとしたことを非難している。それらの用語は単に無視すべきであって，われわれはそういった志向的な状態に関する語を用いずに心理学を確立するというより大きな課題から逸れてはいけないと彼は主張する。[8] しかし，人間の行動に帰属する制度的な意味を無視することは，時速90マイルで無謀運転をしているわれわれを呼び止め，車の窓の外に冷ややか

に立ち，そのことを通告し，免許証を見せなさいと言う州警察官を無視するのとほぼ同じ結果になる。「無謀」「免許証」「州警察官」これらすべては，社会が編み出した制度的な母体から出ているものであって，現実を構成しているものに対してある特定の見方を押しつける力をもつ。それらはわれわれ一人一人の行為を導き，支配する文化的意味なのである。

III フォークサイコロジーのなりたち

さて，私はフォークサイコロジーがあらゆる文化心理学の基礎になるべきであると提唱した。そこで，私の考えていることを説明するために，われわれ自身のフォークサイコロジーを構成する主要な要素の見本を，「参加観察者」としてとりあげてみたい。これらは，単に**構成要素**にすぎないということをくれぐれも心に留めておいてほしい。すなわち，フォークサイコロジーを成り立たせている人間のありかたについての物語に入っていく基本的な信念もしくは前提である。たとえば，われわれのフォークサイコロジーの明白な前提は，人びとが信念と欲求をもっているということである。われわれは，世界はある方法で組織されているとか，自分がある物を**欲している**とか，あることが他のことより**重要である**とか，他にもいろいろなことを**信じている**。人びとが現在だけでなく過去や未来についての信念，つまり，ある特殊な様式── Fortes のタレンシー族や

Mead のサモア族の様式ではなくわれわれ独自の様式——で考え出した時間と自分たちを関係づける信念を抱いているとわれわれは信じている（あるいは「知っている」）。さらに，われわれの信念はある様式で一貫しているはずであり，たとえ一貫性の原理がややあいまいだとしても，人びとは一見して相いれないことは信じない（あるいは欲しない）はずだとわれわれは信じている。それどころか，「関与」とか「生活様式」と呼ぶに値するようになるまで，人びとの信念や欲求は充分一貫性をもち，組織化されたものになっていくことをわれわれは確信している。こうした一貫性は，忠実な妻，献身的な父親，誠実な友など個々人を性格づける「傾性」として考えられている。個人の人間性はそれ自体われわれのフォークサイコロジーを構成する一つの概念である。Charles Taylor が言うように，個人の人間性は，その社会に選択された形で帰属しているのであって，外集団に属する人びとには与えられていない場合が多い[9]。そして，物語が作られるのは，フォークサイコロジーの構成要素である信念が侵されるまさにその時であることを忘れてはならない。これは私がこれから多くを語るべき点である。また，ここではフォークサイコロジーの規準となる状態について，読者の注意を喚起するために以下のことを言っておきたい。すなわち，それは物事がいかに在るかだけではなく，物事がいかに在るべきかということ（多くの場合それは暗黙裡にではあるが）を総括するものである。物事が「在るべきように在る」時には，フォークサイコロジーの物語は必要ないのである。

フォークサイコロジーはまた，われわれの欲求や信念の表現を変容させる一つの世界をわれわれの外部に仮定する。この世界はわれわれの行為がその中に位置づけられる文脈であり，世界の在り方は，われわれの欲求や信念に理由を与えることであろう。存在する物が要求を生み出す極端な例を挙げるなら，そこにエヴェレストがあるからそれに登ったHillaryの場合である。しかしまた，欲求によっては，他人では見いだせないような文脈の中の意味を見いだすように仕向けられることも，われわれは承知している。歩いてサハラを横断したり，あるいは小さな船で大西洋を横断することを好む人びとがいることは，その人の個人的特性によることではあるが説明はできる。世界の感知された状態と欲求との相互的な関係は，互いに影響を与えながら，フォークサイコロジーの物語構造を満たす人間の行為に関する微妙なドラマ性を創りだすのである。誰かが，世界の状態をうまく説明できないような形で信じたり，欲したり，行為しているとみなされる時，つまりどう見ても根拠のない行為を起こしているとみなされる時，行動主体としての彼が，苦境の軽減や，状況の打破に悩んでいるのだと，物語的に再解釈され得ないならば，彼はフォークサイコロジー的に見て正気でないと判断されることになる。再解釈を生み出すには，実生活では厳重な裁判を，フィクションではまるごと一冊の小説（André Gide の "*Lafcadio's Adventure*" をもってすれば分かるように）を要するであろう。しかし，フォークサイコロジーではそういった再解釈の余地が残されている。「事実は小説より奇

なり」である。フォークサイコロジーでは，人びとは信念という形で世界についての知識を持っていると仮定され，その世界についての知識を欲求や行動のあらゆるプログラムを実行するのに使用すると仮定されている。

　経験という「内的」世界と，経験からは独立している「外的」世界を分けることで三つの領域が生まれるが，それぞれに違った形の解釈が必要となる。一つはわれわれ自身の意図のコントロール下にある領域である。つまり，行動主体としての自己が，世界についての知識と，文脈や信念に一致した形で表し得る欲求を操れる領域である。三番めにあたるのは，われわれのコントロールの及ばない「外界から」やって来る事象である。つまり「自然」の領域である。一つめの領域では，われわれは事象の成り行きに何らかの形で「責任がある」が，三つめの領域ではそうではない。

　問題なのは二番めにあたる事象である。一番めと三番めのどっちつかずのあいまいな状態からなり，その本来の帰属を，行動主体である個人の領域へか，あるいは「自然」の領域へかのいずれかに割り振るには，より緻密な形の解釈を必要とするからである。もし，フォークサイコロジーが，一番めの領域についての解釈原理を体現し，フォーク物理学兼生物学が三番めの領域についての解釈原理を体現しているならば，二番めの領域は，何らかの魔術的な形態によって支配されているか，それとも現代の西洋文化では，物理学者か還元主義的心理学者，または人工知能の科学主義によって支配されていると見られるのが

普通である。プルワットの航海者たちの間では，人類学者からの贈り物としての羅針盤（彼らはこれに興味をもったものの，よけいなものだと拒否したのだが）の導入が，二番めの領域において彼らの生活を素っ気ないものにしてしまったのである[12]。

すべてのフォークサイコロジーはその核となるところに，一人の行動主体としての自己という驚くほど複雑な観念を宿している。啓発的だが決して例外的ではない例が，イロンゴト族に見つかっている。彼らは Michelle と Renato の Rosaldo 夫妻が研究対象にした非識字部族である。問題を複雑にしているのは，文化が個人としての要件を形作っている点である。たとえば，充分に行動主体的なイロンゴト族の男性としての利己心は，「敵の」首が，正当な怒りの状態の下，正に理由をもって取られた時のみ達成しうるというような要件である。抽象的に言うなら，成熟した利己心とは，情熱と知識が正当に混ざり合った状態を合わせもつような要件である。Michelle Rosaldo は，現地調査中のその早すぎる死を前にして書いた晩年の論文の一つ，"Toward an Anthropology of Self and Feeling" と題したもののなかで次のように論じている。「「自己」や「情動」という観念は，「相対的に社会生活から切り離された『内的』本質から成長するのではなく，意味やイメージ，社会的なきずなの世界，これにすべての人は否応無しに巻き込まれるわけだが，こうした世界における経験から成長するのである[13]」。

Hazel Markus と Paula Nurius は，アメリカ人の自己に関する非常に鋭い論考において，**一つの** 自己ではなく今ある自己

第2章 文化装置としてのフォークサイコロジー

に加えて可能な自己群を考えることを提言している。「可能な自己群とは，自分が **なるかもしれない**，できれば **なりたい**，または **なりたくはない** ものについての個人の考えを表すものである」。特に意図したわけではないにせよ，彼らの分析が強調しているのは，アメリカ人の利己心に強く反映している「あなたの選択を常に明らかにし続けよ」とするアメリカ文化のもつ価値である。時期を同じくして，主にアメリカ人の病理，特に性に関わるものとして，多重人格障害の驚くべき増加に関する臨床論文が少しずつ出始めてきた。Nicholas Humphrey と Daniel Dennett によるこの現象に関する最近の研究報告によれば，この病理がセラピストによって引き起こされること，つまり自己とは分割可能なものであるという見解を受け入れ，セラピーの途上で患者の葛藤をくいとめ，癒すための手段としてこの利己心のモデルを患者に不注意にも提示してしまうセラピストによって引き起こされることさえ示唆している。Sigmund Freud は "The Relation of the Poet to Daydreaming" において，われわれ一人一人は，登場人物のキャストの一人であると述べているが，彼は登場人物たちを単一の劇，単一の小説の内に閉じ込めており，そこで彼らは，その単一の舞台上で，一つのアンサンブルとして，神経症というドラマを演じることができたのである。[14]

　さて，私はいささか範囲を広げてこれら二つの例を挙げてきた。これらの例は，二つの異質の文化にあって自己というものがそのフォークサイコロジーにおいてどう考えられるか，その

考え方を示すものである。そして，フォークサイコロジーを組織していく原理の決め手となるポイントは，論理的，あるいはカテゴリー的であるというよりも本質的には物語的であることを再度強調したいがためである。フォークサイコロジーとは，行動主体である人間についてのものである。人間はそれぞれの信念と欲求を根拠として物事にあたり，目的に向かって奮闘し，障害にぶつかり，時にそれを乗り越え，時にそれに打ち負かされる。そして，人間はこれらのことが生涯続くのである。一つの例は，敵の首を取るのに値する充分な怒りを自らに見いだすイロンゴト族の若者についてのものであり，彼らがどれだけうまく敵を震え上がらせるかについてである。今一つの例は，自らのアイデンティティの意識の上で，葛藤し，罪悪感を生み出す要求に悩む若いアメリカ人女性たちについてのものである。それは，自己のジレンマ（たぶん，医者の不注意な援助を伴っていたのかもしれない）を，ついに一つの自我をそれに代わる別の自我に転換することによって解決していく場合についてのものであり，つまり両者をコミュニケーションの中にとりもどしていこうとする苦闘についてなのである。

IV 物語の特性

われわれはここで，さらに物語に直接，焦点をあてなければならない。物語とは何であるのか，他の形態の談話や，経験を

組織化する他の様式とどう異なるのか，また，どのような機能をもち，なぜそれが人間の想像力の鍵を握るのか。というのも，われわれがフォークサイコロジーの性質や力を把握しようとするなら，これらのことをよりよく理解しておく必要があるからである。ここでは，前置きとして物語の特性のいくつかを述べることにしよう。

　おそらく，物語の第一の特性は，本来的に内在する時系列性であろう。一つの物語は，事象，精神状態，そして登場人物つまり行為者としての人間に関わる事件の，独自の一連の流れから成り立っている。これらが物語の構成要素である。しかし，これらの構成要素は，いわばそれ自身としては生命や意味をもってはいない。これら構成要素の意味は，全体としての時系列のもつ総体的形態，つまりそのプロットや寓話の中でそれらが置かれる場所によって与えられる。したがって物語を把握するという行為は二重のものとなるのである。まず，解釈者は物語の構成要素を理解するために，物語を形作っているプロットをつかまなければならないし，その構成要素をプロットに関係づけなければならない。しかし，プロットの形態はそれ自体，連続する事象から引き出されなければならないのである。Paul Ricoeur は，イギリスの歴史哲学者 W. B. Gallie の主張を要約し，この問題を簡潔に述べている。

　　　ストーリーは何人かの登場人物の一連の行動や経験の時系列を描き出す。それが実際に起きたことであろうと，想像された

ものであろうと描き出すのである。これらの登場人物は，変化し……［それに対して］反応する。ひるがえってこれらの変化は状況や登場人物の隠れた側面を明らかにしていき，思考や行動，あるいはその両方を呼び起こす新たな境地を生み出していく。この境地に対する反応がストーリーを結論へと導いていくのである。[15]

これらの変化，境地，その他諸々のことについては後に多くを述べることになるが，今のところこれで充分であろう。

　物語の二番めの特徴は，それが一つのストーリーとしての力を失うことなしに，「事実」上のことにでも「想像」上のことにでもなり得るということである。すなわち，ストーリーのもたらす**センス**とストーリーが**指示するもの**とは互いに特異な関係をもっているということである。ストーリーは言語化しえないような現実に対して関心を示さないということは，ストーリーが語るための心内的構造をもっているという事実をよく示している。言い換えれば，個々のセンテンスのどれが真実でどれが偽りであるかということよりも，それらセンテンスの時系列性こそ，ストーリーの総体的形態やプロットを決定するのである。ストーリー独自の時系列性は，ストーリーのもつ意義や，ストーリーの把握をもたらす心的体制の様式に絶対不可欠である。物語を保証するこの「時系列性のルール」の権威を取り除こうとする試みは，何か他の目的のために物語の独自性を犠牲にするというツケを払わざるを得なかった。Carl Hempel の

著名なエッセイ " The Function of General Laws in History " はその典型である。そこでは通時的な歴史の記述を，共時的な「社会科学」の主張へと「時間の枠をはずす」試みがなされたが，それによって Hempel が成し得たのは，個別性の喪失，解釈と説明の混同，そして語り手の修辞豊かな声を「客観性」の領域へとおとしめてしまう誤りのみである[16]。

　歴史家の「経験にもとづく」記述と，小説家の想像が生んだストーリーが物語の形式を**共有する**という事実は，考えてみるとむしろ驚くべきことである。この事実は，Aristotle 以来，想像による文学の研究と，歴史の研究にたずさわる思想家の双方につきつけられた問題である。なぜ，事実とフィクションに同じ形式があるのか。一方が他方を真似ているのか，またその逆もあり得るのか。物語はその形式をどのように手に入れる**のか**。一つの答えはもちろん「伝統」ということである。すべての物語は，お話を語るというわれわれの古代からの遺産にその根をもつと Albert Lord の論文にあるように，物語のさまざまな形式は語りの伝統的方法のいわば残留物の堆積であることは否定しがたい。同じくそれと関連ある趣旨で，Northrop Frye は，その革新されたものでさえ伝統の根から育つように，文学はそれ自体をそれ自身の伝統から形作るのだと断言している。Paul Ricoeur は，無数の時系列を結びつけ，物語を作り上げる時に働く論理を，「物語構造のもつ不可能の論理」と呼んだが，彼もまた，この論理は伝統によって装備されるものだと見ている[17]。

物語にその構造を与えるにあたって，因習と伝統が重要な役割を果たすことは確かだが，私はこの徹底した伝統主義にある種のいらだちを覚えることも言っておかなければならない。まず第一に，そのように伝統を保ち，伝統を練り上げるしごとを果たしうるのは，物語に対する何らかの「レディネス」が人間にあるからだと考えるのは理に合わないことだろうか。その伝統とは，Kant 派のことばで言えば「人間の魂に秘められた芸術」のようなものであり，われわれの言語能力の一つの特徴のようなものであり，また心理学的な能力，たとえば視覚的にインプットされた世界を，進んで図と地に変換するようなものである。しかしこう言ったからといって，私は C. G. Jung が提起したような，特殊な元型や神話をわれわれが「貯蔵している」と言うつもりはない[18]。それは場を誤った具体性のような気がするからである。むしろ私は，経験を物語の形式やプロット構造等へと体制化する人間のレディネスや傾性のつもりで言っているのである。次章では，このような仮説を裏付ける論証を展開していくつもりである。この見解は否応なしに人をひきつけるもののように私には見える。そして，物語の問題に取り組んでいる他の学者たちもこの道へと誘い込まれてきている。

　このような「レディネス」を発見しようとする試みの多くは，Aristotle の概念である**ミメシス**（模擬）をもとにしてきた。Aristotle はこの概念を，"*Poetics*" のなかで，ドラマが「人生」を模倣するしかたを述べるために用いている。おそらくそれによって，物語は，事をそれが生じたように何とかして報告

しようとすることから成り，物語の秩序は，人生における出来事の秩序によってかくのごとく決定されるという意を彼は含めようとしているように思われる。しかし，"*Poetics*"を厳密に読んでいくと，彼が何か別のことを心に留めていたことが分かる。**ミメシス**とは「行為としての生」をとらえたものであり，実際に起きたことをより入念に構築し，より良く作り上げることである。Paul Ricoeur は，おそらく今日，物語をもっとも深く，たゆまず研究し続けている学者であるが，その彼でさえ，この概念は扱い難いのである。Ricoeur は，「歴史の**なかに**在ること」と「歴史に**ついて**語ること」との 血縁性について好んで述べ，両者は特定の「相互帰属性」をもつことに言及している。「物語の談話は生の形態に属しているのだが，その生の形態は，われわれの歴史的な状態そのものである」とも言っている。しかしながら，彼はまた自らの言いまわしを裏付けるのに困難を感じている。彼が言うには，**ミメシス**とは，「一種の現実のメタファーである」，「ミメシスは，現実を写しとるためではなく，現実に新しい読みを与えるために現実に言及するのである」。彼は続けて以下のように論じている。「日常言語の指示的説明が宙に浮いたままのような場合」でさえ，つまり言語の外にある現実の世界といちいち「対応づける」という義務を負わないままでさえ，物語が進行しうるのは，このメタファー的な関係のおかげなのである[19]。

　もしミメシスの機能が「行為としての生」を解釈するものであるなら，それは C. S. Peirce がずっと以前に「解釈項」と呼

んだものの極めて複雑な一形式,つまり,記号と「世界」の間を媒介する象徴的なスキーマになるであろう。それは談話そのものの領域で,単語やセンテンスよりいくぶん高いレベルに位置する一つの解釈項である。なおそのような複雑な象徴的解釈項は,単に生を写す技術ではないとするならば,それを創りだす能力は,どこから生じるのか考えてみなければならない。そして,それこそが次の章で関わらねばならぬことなのである。しかし,その前にとりかからなければならない問題が他にある。

V 通常性と逸脱性

　物語のもう一つの重大な特徴は,すでに行きがかり上触れてきたように,物語は例外的なものと通常のものとをつなぐ環を鋳あげることを専門としている点である。ここで,この問題に移ってみよう。一見,ジレンマと思われるものから始めたい。フォークサイコロジーは規範性という衣をまとっている。フォークサイコロジーは人間の状態の中での予想できるものと通常となっているもの双方,またはいずれかに焦点をあてているのである。そして,それらに正当性もしくは権威を与えている。しかしながら,フォークサイコロジーは,例外的なもの,通常でないものを理解可能な形にするという目的達成のための強力な手段でもある。というのも,第1章で強調したように,一つの文化の存立可能性は,その文化が葛藤を解決する,つまり,

相違点を解明し，折衝をくり返して共同体的意味を作り出すことができるかどうかによって決まるからである。社会人類学者や文化評論家が文化の行為の本質として論じている「折り合いをつけられた意味」は，規範性と例外性を同時に扱う物語装置によって可能になる。このように，一つの文化は一連のノルムを必ず内包していると同時に，確立された信念としてのパターンのとる意味のノルムからの離脱をも許す一連の新しい解釈手続きをも必ず含んでいるのである。フォークサイコロジーがこの種の意味を達成するために依拠しているのは物語と物語解釈である。ストーリーは，通常性から逸脱したものを理解可能な形で説明することによって，つまり前の節で論じた「不可能の論理」を備えることによって，それがもつ意味を達成するのである。ここで，このことをより詳細に検証していかなければならない。

　「通常」ということから始めよう。人びとは身のまわりで起こっている行動に関して，何を当たり前のこととして受けとめているのだろうか。例を挙げてみると，どの文化においても，人は自分たちの生きている環境にふさわしいやり方で行動しているのをわれわれは当然と考えている。実際，Roger Barkerは，この一見平凡と思える社会のルールのもつ力を示そうと，20年もの年月をかけてすぐれた研究を残している。[22] 人は状況に応じて行動すると考えられる。その人の「役割」がなんであれ，内向的であれ外向的であれ，またMMPIの検査値がいくらであれ，また政見がどうであれ，その点に変わりはない。

Barker が言うように，人は郵便局へ行けば，「郵便局でらしく」振る舞うのである。

この「状況ルール」は，行動のみならず，話すことにもあてはまる。Paul Grice の「協同原理」は，この考えをうまくとらえている。Grice は，どのように会話が交わされるか，そして，または交わされるべきかについて，四つの行動原則を質，量，様式について提言した。われわれがお互いにする返答は，短く，明快で，適切かつ事実に即したものでなければならないというものである。こうした原則からの逸脱は Grice の言う「会話的含蓄」を生むことによって，例外としての意味を創りだす。「会話的含蓄」は，例外としての一つの「意味」，つまり慣習的用法からの逸脱という性質に内在する意味の探索を出発させる引き金となるのである。[23]

人びとが，Barker の状況原理，あるいは Grice の会話的交換での行動原則に一致した行動をとる時，われわれはその行動の**理由**を問わない。その時の行動はあえて説明する必要のない当然のものと受けとめられる。なぜなら，それは普通であり，経験上正当なものであり，自明なものだからである。誰かに R. H. Macy の事務所はどこかとたずねれば，それに関連した，正確で明快かつ短い指示が返ってくることをわれわれは当たり前のことだと思っている。**この**種の返答にはいっさいの説明がいらない。もし，**なぜ**人はこのような行動，つまり郵便局では「郵便局でらしい」行動，道を聞かれた時には，短く明快で，適切で誠意をもった答えをするのかと，本気で質問しようもの

第2章 文化装置としてのフォークサイコロジー 69

なら，きわめて変だと思われるだろう。すでに自明のことと考えられていることにどうしても説明をつけなければならないとしたら，対話者は，数量的形容（「誰でもそうするから」）や義務的叙法（「それはあなたがそうするようになっているのだから」）を用いて答えることになるだろう。これらの説明の矛先は，位置としての文脈が当該の行為にふさわしいものであると示すことに向けられることになるだろう。

　これと対照的に，通常性から外れた例外的なことに出くわし，誰かにいったいどうしたのかとたずねると，相手はほぼいつも，**理由**（つまり，意図的な状態についての何らかの特殊事情）を含むストーリーを話すだろう。さらに言えば，そのストーリーはほとんどいつも，その出会った例外的事象が何らかの理由をもち，「意味」をもつことが可能である世界を説明するものになるだろう。もし，誰かが郵便局に入ってきて，星条旗を広げて振り始めたら，それを見たあなたと同じフォークサイコロジーを共有する対話者は，あなたの疑問に答えて言うだろう。おそらく今日は自分が忘れていた国民の祝日か何かだろうとか，また，アメリカ在郷軍人会の地方支部が基金募集を行っているのかもしれないとか，あるいはただ単に，旗を持った男は，今朝のタブロイド判の記事に想像力を刺激された，ある種のいかれた国家主義者であると。

　すべてのこのようなストーリーは，この例外的な行動に，あるしかたで意味を与えるようにしくまれているようである。つまり，主人公の意図的な状態（信念あるいは欲求）と，その文

化の中で正当とされる要素（国民の祝日，基金募集，過激な国家主義）の両方を含めるしかたにおいてである。**ストーリーの機能は，正当とされる文化パターンからの逸脱を緩和し，あるいは少なくとも理解可能にするような意図的な状態を見いだすことである。**ストーリーに本当らしさを与えるのは，この成果によるものである。それはまた，ストーリーに平和維持の機能をも与えるかもしれない。これについては後の章に譲ることにしよう。

VI 人生が芸術を模倣する

　これまで物語の三つの特性を考察してきた。物語の時系列性，事実に基づくかどうかには「無関心なこと」，そして正当とされるものからの逸脱性を処理するユニークな方法の存在の三つである。ここでわれわれは物語のドラマ的な質に立ち返らなければならない。ほぼ半世紀前に，Kenneth Burke が称した「ドラマ性」の古典的な考察は，今なお，われわれの出発点として充分な役割を果たしてくれる。[24] Burke の提言によれば，十全に構成されたストーリーは，行為者，行為，目的，場面，手段の五つ一組のものからできているが，それに加えてトラブルがある。トラブルは，その五つ一組を成す各要素のどれかの間の不均衡な状態から成り立つ。目的に向けてのある行為が，ある場面では適切ではないことがある。ちょうど騎士道を目ざしたドン・キホーテの滑稽な策略のように。また，登場人物が

ある場面に適していないこともある。エルサレムでのポートノイや,『人形の家』のノラ,あるいはスパイ小説における二重場面や,エマ・ボヴァリーの身に起きた目的の混乱のように。

Burke の言うドラマ性は,ありそうな結果を迎えるという規範性からの逸脱,つまり正当性,関与の蓋然性,価値観に関わる逸脱に焦点を置いている。故にストーリーは,どうしても蓋然的に価値あるもの,蓋然的に適切なもの,または蓋然的に不確定なものに関わらざるを得ない。トラブルというまさにその概念が前提としているのは,行為は目的によく合致していなければならないということ,手段は場面に適合していなければならないということなどである。Hayden White が指摘するように,ストーリーは完結に向けて正当性の範囲内での探求を試みる。[25] トラブルが除かれない時は,トラブルは蓋然的に説明されて,ストーリーは「実生活そっくり」になる。そして,ポストモダンのフィクションによくあるように,不均衡があいまいなままの状態に置かれているとすれば,それはストーリーが蓋然的立場をとるのに依拠する慣習化的手段を,物語作者が覆したいからである。ストーリーを語ることは,不可避的に一つの蓋然的スタンスをとることであり,たとえそれが,もろもろの蓋然的スタンスに逆らう一つの蓋然的スタンスであってもそうである。

他にも十全に構成された物語の特性がある。私が別のところで「二重の景観」(dual landscape) と呼んできたものである。[26] すなわち,一つの想定された「現実世界」での事象と行動は,

主人公の意識中の心的な事象と同時に起こる。Burke 派の五基語の中のトラブルのように、両者の相いれない結びつきが、物語に原動力をもたらす。ピュラモスとティスベー、ロミオとジュリエット、オイディプスと彼の妻にして母であるヨカスタの場合のように。というのはストーリーは、主人公がいかに物事を解釈するのか、どのようなことが主人公に意味を持つのかを扱わなければならないからである。これがストーリーの状況に組み込まれている。つまりそこには文化的な慣習とそれからの逸脱（個人の意図的な状態によって説明され得る）の両方が含まれる。このことが、物語に蓋然的な地位のみならず、認識論的な地位をも与えるのである。

近代主義の文学物語は、Erich Kahler のフレーズを借りれば、「内への転換」をなし遂げてきたのである。それは、過去に「そうであった」世界と、主人公がその世界についてどう思っていたのかの両方について知りぬいている全知の語り手を、その地位から引きずりおろすことによってなされた。近代小説は、その全知の語り手を排除することによって、二人の人物が別々の視点から「外」界を知ろうとする時、そこに必然的に生じる葛藤に対して鋭く現代的感受性を向けてきたのである。これは注目に値する点である。というのもそれは、歴史的に異なる文化が、その二つの「景観」の間にある関係をどの程度扱うのかを示すからである。Erich Auerbach は、著書 " *Mimesis* " で西洋文学におけるリアリティについての表象の歴史をたどっているが、彼は " *Odyssey* " の物語的に明白なリアリティから

始めて，Virginia Woolf の "*To the Lighthouse*" におけるリアリティの希薄化した現象学を扱って終わっている。このとらえ方は，たとえば Flaubert と Conrad から現在まで，文学的な物語を駆り立てるトラブルが，いわばより認識論的になったとか，択一的な意味の対立により巻き込まれるようになったとか，行為の景観として設定されたリアリティにあまり関わらなくなったというようなその場しのぎの考え方で通り抜けようとするよりも価値があるだろう。そして，おそらくこれは日常性についての物語にも言えることだろう。この点において，人生は今にいたるまで確かに芸術を模倣してきたのにちがいない。

　物語がフォークサイコロジーにとって，なぜそれほど自然な媒体になるのかその理由が明らかになり始めた。物語は（次章で見ていくように，子どもの最初の語りからほとんど），人間の行為と人間の意図という素材を扱っている。物語は，文化という規範的な世界と，信念，欲求，希望というようなより個人特有の世界との間を取りもっている。物語は例外的なものをも理解可能なものたらしめ，ことばのあやとして必要な場合を除いては，超自然的なものを寄せつけない。物語は説教調にならずに，社会の基準を繰り返し語るのである。そして，すぐに明らかになるのだが，物語はレトリックに対して，それと対立することなくその基礎をもたらすのである。また物語は教えたり，記憶を保存したり，あるいは過去を変えることさえもできるのである。

VII 「詩」と「真実」

　さて今までのところ,「虚構の」物語と「経験による」物語における構造的な血縁性や類似性についてはほとんど言わずにきた。しかし,この問題については,物語にとって,その言及するものが虚構であるか,経験的事実であるかということはさして重要でないことを先に考察した時に指摘しておいた。この二種の物語の相違を明らかにするような日常言語上の特殊化があるとしても,なぜ事実によるストーリーと想像によるストーリーとの間に,文法上,あるいは語彙上のきわだった強い区別が課せられることがないのだろうか。その区別をあざけるかのように,フィクションは,想像による迫真性を得るために,しばしば「現実のレトリック」で身を装うことがある。そして,特に自叙伝の形式の研究から,フィクションの形式は,「実人生」がそれによって構成されていくような構造上の筋道をしばしば生みだすことをわれわれは知っている。事実,西洋の諸言語の多くは,それぞれの語彙辞典の中に,**詩**(*Dichtung*)と**真実**(*Wahrheit*)の間の区別を,意地悪くも覆してしまうような語をもち続けている。イタリア語の *storia*,フランス語の *histoire*,英語の *story* がそれである。もし物語において,真実と可能性が不可分に結びついているなら,このことでフォークサイコロジーの物語は,不思議な光にさらされることになり,

第2章　文化装置としてのフォークサイコロジー

聞き手をして，いわば何がこの世界についてのものであるのか，何が想像によるものなのかについて戸惑わせることになるだろう。そしてある特定の物語の展開が，単に「よくできたストーリー」なのか，それとも「本当のこと」なのかというような疑問が起こることは，確かによくあることである。私はこの奇妙でおぼろげな状態について少し考えてみたい。というのは，このことがフォークサイコロジーにとってある重大なことを明らかにしてくれると思うからである。

　先に論じた**ミメシス**に戻ってみよう。「ストーリー」は（事実上のものであっても，想像上のものであっても），起こったであろうことの再構成をもたらすという Ricoeur の主張を思い起こしてもらいたい。Wolfgang Iser も，フィクションの特徴は，それが可能性のより広い「地平」に出来事を位置づけることであると述べるにあたって同じ主張をしている[29]。"*Actual Minds, Possible Worlds*"で私が示そうとしたのは，巧みな物語での言語が，「仮定法的変形」を用いる巧みな解説での言語とどう違っているかである。それらは主観的な状態，状況の希薄化，可能性の選択にハイライトをあてるような語彙や文法の使用である。James Joyce の短編は，Martha Weigel による痛悔修士会会員の兄弟の契りを結んだ者についての典型的な民族学的記述とはきわだった対照をなしている。その違いは著者による「仮定詞」の用法においてのみならず，読者が先に読んだものについて後に語りあう際の仮定詞の受け入れ方についても見られる。「ストーリー」の方は，最後には書かれていたま

まのことよりもむしろ仮定されたものとして記憶となるのに対して,「解説」の方はテキストに書かれていたままのものとしてそこで終わる。**ストーリー**をいいものにするためには,それをいくぶん不確定で,どうにかして多様な解釈に開かれているようにし,意図された状態からの思いがけない変化や非限定性にさらすようにすべきであろう。

そのような不可欠の不確定性あるいは仮定性の獲得——つまりロシア・形式主義者の批評家が「**文学性**」(*literaturnost*) として言及したものの獲得——に成功したストーリーというものは,そのストーリーの力に影響されている人びとに対して,かなり特殊な何らかの機能を果たすにちがいない。残念なことに,われわれはこのことについてほとんど分かっていない。しかし,もし疑い深い読者が私に辛抱強くつきあってくれるのなら,これに関して純粋に理論的な仮説をいくつか提供してみたい。

最初の仮説は,「仮定法の」ストーリーは,その中に入りこみやすく,それに同一化しやすいということである。いわばそのようなストーリーは心理学的に縫い上げられ得るのである。そのサイズが自分に合えば受け入れられ,アイデンティティを締めつけたり,すでに確立されている関与のしかたと競合するものであれば拒否される。子どものもつ「思考の全能感」は,大人時代も充分色あせないままで残るのだろうか。つまり,子どもがするように,大人もまた観客席から舞台に跳び上がり(たとえ瞬間的にせよ),そこでの登場人物の誰にでもなり,どのような場面であろうとその中に自分を見いだせるのだろうか。

ストーリーとは，一言で言えば，代理的経験であり，われわれが入り込むことのできる物語の宝庫には，明確には区別できないが，「実経験のレポート」か，あるいは文化的に形成された想像力の所産が，内蔵されているのである。

　二番目の仮説は，Yeats のことばを借りれば，「舞踏を舞踏家から」区別できるようになることに関係がある。ストーリーはある**誰かの**ストーリーなのである。語り手を「全知の私」として様式化しようとしてきた過去の文学上の営為にもかかわらず，ストーリーはかならず語りの声をもっている。事象は，ある個人の特定の一連のプリズムを通して見られる。そして，よくあるように，ストーリーが根拠の正当化や「弁明」の形式をとる時は特に（次章に見ていくように），そのレトリカルな声は平明である。そこでは物事が「ありのままに」描写されているような客観的に枠づけられた状況説明を，いわば「突然死」させるような性質をストーリーはもっていない。われわれが，何かの説明を折衝された意味の領域に持ち込みたい時，皮肉にもその説明を「いいストーリー」だと言う。ストーリーはそれゆえ，社会的な折衝には特に実用的な道具なのである。したがってストーリーの地位は，それがたとえ「ほんとうの」ストーリーとして伝わったとしても，実際のことと想像上のこととの中間領域に永久にとどまっているのである。歴史家の絶えざる修正主義，「ドキュドラマ」の出現，「ファクション」（＊訳者注：史実や事実にもとづく小説）という文学的発明，子どもたちの行いを改めさせようとして両親が行う枕元でのお話，これら

はすべて，ストーリーという影をまとった認識論の存在を立証するものである。事実，一つの形式としてのストーリーというものの存在は，人間が自分の受けとった形の現実を「メタ化」し続けるらしいということの不断の保証となるのである。独裁者たちが，その文化の小説家たちに対してきわめて厳しい処置をとらざるを得ないのもそれ故ではないだろうか。

　そして最後の考察である。一つのストーリーについてそれと代わる別の話を受け入れることの方が，「科学上の」説明においてそれと代わる別の前提を受け入れるよりも，容易であることについてである。なぜこうなるのか，深い心理学的な意味では分からないが，漠然とした感じはある。われわれが**自分自身**について重要なストーリーを話す時の経験から**分かっている**ことは，意味を作ることに向かう「人間的」側面があることは避けられないということである。そしてわれわれは，「一人の人間」ごとに，それぞれに異なる別のストーリー版があることを，受け入れる用意があることである。前に述べた Carl Hempel に，歴史は検証可能な命題形式に還元されるべきだと言わしめるに到った啓蒙運動の精神は，歴史のもつ折衝的，解釈的機能という面を見失っているのである。

VIII　経験の体制化

　さて，ここで広義には「経験の体制化」とも呼びうるかもし

れぬ物語性をもつフォークサイコロジーの役割に戻ってみたい。とくに二つのことに関心がある。一つはかなり昔からのものだが，普通，**枠付け**またはスキーマ化と呼ばれているものであり，もう一つは**情動の調節**である。枠付けは，世界を「構成し」，その流れを特色づけ，その世界の内で事象を分節化するなどの手段をもたらす。もし，そのような枠付けができないとすれば，われわれは混沌とした経験の暗闇へと吸い込まれて，おそらくどうあろうと，一つの種として存在し続けられなかったであろう。

経験（および，われわれの経験の記憶）を枠付ける典型的な形式は物語の形式にあり，Jean Mandler は，物語的に構造化され**ない**ものは記憶上の損失を被るということの証拠を示している。枠付けは，経験を記憶の中にまで追いつづけるのである。そして，Bartlett の古典的な研究以来分かっているように，記憶の中では，経験はわれわれの社会の規範となっている表象に一致するように組織的に変容され，そのように変容できない時は，忘れ去られるか，またはその例外性が強調されることとなる。

これは全くよく知られた話であるが，枠付けが完全に個人的な現象，いわば単にそれぞれの個々の脳の内での痕跡とスキーマの敷設の問題にすぎないとみなされているために，いささか陳腐なものとされてきた。Bartlett は，すでに亡くなって久しいが，記憶の枠付けについて初めにもっていた「文化的な」視点を，より個人心理学的視点に偏って行ったために捨象してし

まったと批判者から最近では非難されている。1923年のあまり知られていない論文から，1932年の有名な著作への移り変わりが，John Shotter の評論のなかで論じられている。Shotter が強く主張しているのは，枠付けは**社会的な**ものであり，単に個人の記憶の貯蔵を確かなものにするというよりむしろ，一つの文化における記憶の**共有**のために仕組まれたものだということである。彼は，すぐれた社会批評家にして，人類学者である Mary Douglas を次のように引用している。「想起に関する最良の書のこの著者は，彼の最初の信念を忘れてしまい，［そして］ケンブリッジ大学の心理学という制度的枠組みに吸収され，加えて実験室という状態に局限されてしまった」と。しかし，Bartlett は，自分が探究しようとして着手したことのもつ「文化的な」部分を忘れていたのではないのは確かである。彼はその著名な書の最後のセクションで，「想起の社会心理学」を扱いながら次のように言う。

> どのような社会集団も，ある特定の心理学的傾向，またはその傾向群によって組織され，支えあっており，それがその集団に外界処理の際のバイアスを与えている。そのバイアスが集団文化の特殊な永続的特徴を作り上げる……［そしてこれが］ただちに，個人がその環境で何を観察するようになり，そして，過去の生活から引き継いできた何を現在の直接の反応へと結びつけるようになるのかを決めるのである。バイアスはこのことを二つの方法で見事にやってのける。一つは，特定のイメージの展開を促す一連の興味，興奮，情緒のその背景を用意すると

いう方法であり，今一つは，構成的な記憶のためのスキーマ的な基礎として働く制度や慣習の永続的な枠組みを用意するという方法によってである[33]。

　彼が言及する制度の「スキーマ化の」力について，先に指摘したポイントをもう一度述べてみよう。社会的世界での経験と記憶は強力に構造化されているのである。それは，フォークサイコロジーの深く内在化され物語化された概念によってのみならず，一つの文化がそれらを支え強化するべく丹精して作り上げてきた歴史に根ざす制度によってもなされるのである。Scott Fitzgerald は次のように言っているが，当を得ていたのである。きわめて裕福な人は「違っている」。それは彼らが富を持っているからではなく，彼らは違っているように**見られ**，そして実際，それにしたがって振る舞っているからである。「科学」でさえもこれらの知覚や記憶の変換を，より説得力のあるものにしていることは，Cynthia Fuchs Epstein の "*Deceptive Distinctions*" のような最近の本から分かる通りである。この本は，性に対する固定観念が，それらを規定する研究上の手段の偏った選択によって，いかに体系的に強調され，誇張されているかを示したものである[34]。われわれの語彙辞典の構造そのものは，人間の事象を強制的にある特定のしかたでコード化することはないかもしれないが，われわれを前もって文化的な規範にさし向けていることは確かである。

　さて，これらの文化的強制がもたらされるしかたについて考

えてみよう。Bartlettの言う文化的な凝集性を高めるために，情動が方向づけられ調整されるしかたである。Bartlettが**想起**について主張しているのは，彼の考えている「記憶のスキーマ」の最大の特徴が情動的な「態度」のコントロール下にあるということである。実際，個人の安定を混乱させたり，社会生活を脅かしそうな「葛藤的傾向」は，記憶の体制をも不安定にさせるらしいと彼は述べている。それはあたかも情動の統一が（「葛藤」とは対照的に），無駄のない記憶のスキーマ化のための一つの条件であるかのようである。

　Bartlettはさらに論を進めている。実際努めて何かを想起しようとする時，もっとも頻繁に起こることだが，真っ先に心に浮かんでくるものは一つの情動，もしくはそれによって充たされた「態度」だと彼は指摘する。つまり「それ」は何か不愉快なものだったり，当惑することだったり，また何か興奮するものだったりするのである。むしろ，その情動というのは，スキーマが再構成されるための漠然とした特徴のようなものである。「ゆえに再生は，この態度を基礎として構成されたものであり，再生の一般的な効果は，態度を正当化することである」。想起は，この観点に立つと，ある情動を正当化する，つまり，ある態度を正当化するのに役立つのである。再生するという行為は「情動で充塡されていて」，それゆえ，過去を再構成する過程で「レトリカル」な機能を果たしている。それは正当化をもくろむ再構成である。レトリックは，いわば，過去を再構成する際にわれわれがはまりこむ「作り話」の形態を決定さえしてしま

う。「確信に満ちた主体は，実際にあったことより以上に，より多くの細部をつけ加えて描くことによって，自身を正当化する——いわば，合理化を得る——のである。一方，用心深く，ためらいがちな主体は，それと正反対のしかたで反応し，実際にあったささいな事柄を増やすよりむしろ減じることによって自己の正当化を見いだすのである［実験による］[35]」。

　しかし，できれば私は Bartlett の記述に対人関係的，あるいは文化的な次元をつけ加えてみたい。われわれは自分たちの記憶の再構成を確かめることだけで納得しようとするのではない。過去を再生することはまた，対話の機能を果たしているのである。想起している人の話し相手は（それが生身の存在であろうと，準拠集団という抽象的な存在であろうと），微妙だが絶え間ない圧力を加えている。確かに Bartlett の伝達的再生に関する輝かしい実験の矛先も，そこに向けられていたのであった。その実験では，はじめから文化的に異なるアメリカインディアンの物語が，ケンブリッジの学生の間で次々に伝えられていく時，文化的因習によって様式化されてしまう結果となったのである。Bartlett のことばを借りれば，われわれは記憶の再構成において「共感的な気候」を創りだす。しかし，それはわれわれ自身にとってだけでなく，われわれの話し相手にとっても共感的な気候なのである。

　一言で言えば，経験を「もち，保持する」ことに関わるまさにそのプロセスを知ることができるのは，われわれの世界についてのフォークサイコロジー的概念に染まったスキーマを通し

てなのである。つまり構成要素としての信念と，先に言及した時系列配置，つまりプロットの形でそれらを含む大規模な物語とを通すことによって知ることができるのである。

IX 形式論理を越えて

しかし，物語がまさにプロット構造やドラマ性そのものというわけでは決してない。また，「歴史性」や通時性だけでもない。それはまた，言語を使う一つの用い方でもある。というのは，物語は，その「仮定性」を論じた時にすでに指摘したように，それを有効に働かせるために，その「文学性」にたよっているように思われるからである。そのことは，日常的な話をくわしく話す時でさえあてはまる。物語はきわめて多くを比喩の力に，つまり，隠喩，換喩，提喩，含意などにたよっているのである。それらなしには，物語は「可能性の地平を広げる」力や，例外的なものと通常のものとのあらゆる多様な関係を探る力を失ってしまうだろう。さらに言えば，Ricouer が**ミメシス**を「現実のメタファー」とさえ言っていることを思い起こしてほしい。

さらに，物語は具体的でなければならないのである。Karl Marx がかつて述べたように，物語は「個別性へと高まっていかなければならない」。いったん物語が個別性を獲得すると，物語は個別性を比喩的表現に変換する。その行動主体，行為，

場面，目的そして手段（加えてトラブルも）は標章（emblem）へと変換される。Schweitzer は「哀れみの念」となり，Talleyrand は「抜け目のなさ」となり，Napoleon のロシア遠征はいき過ぎた野望の悲劇となり，ウィーン会議は皇帝の見境なき欲望実現のための権力行使となるのである。

そのような「標章」すべてが共有する一つの決定的な性質があり，その性質が標章を論理的な命題とは異なるものにしている。それらの性質は推論と帰納をともに受け入れず，それが**意味する**ものを確立するにあたって論理的な手順をふむことに抵抗するのである。標章は，われわれに言わせれば，**解釈され**なければならないのである。Ibsen の三つの劇, "*The Wild Duck*" "*A Doll's House*" "*Hedda Gabler*" を読んでみよう。それらの「真実のありよう」に論理的に到達する方法はない。それらは，論理的な作用が適用できるような個々の原子的命題のセットに還元できないのである。また，それらの「本質」も明確に引き出せるものではない。"*The Wild Duck*" の帰ってきた息子は羨望，もしくは理想主義の標章なのか，あるいは彼が結びのせりふで暗にほのめかしているように，「晩餐での13番めの客たるべく運命づけられている」すべての人々を表しているのだろうか。"*A Doll's House*" のノラは，早熟のフェミニストなのか，挫折したナルシストなのか，あるいは高い代償を払っても体面を守る女性なのか。そしてヘッダに関してはどうか。これは名声ある父を持つ甘やかされた子どもについてのストーリーなのか，完全願望に潜む死についてのもの

なのか,自己欺瞞における避けがたい共犯性についてのものなのか。われわれが差し出す解釈は,歴史的であれ,文学的であれ,または司法的であれ,すでに示したように常に規準的なものである。道徳的なスタンス,レトリカルな姿勢をとることなしにこれらの解釈のどれも論じることはできないのである。それは,家族のもめごとでの両陣営についてのストーリーについても,アメリカ最高裁前での米国憲法補則第 1 条をめぐる両陣営の「論述」についても一義的に解釈することはできないのと同様である。事実,実生活からのものであろうと,想像によるものであろうと,「ストーリーを語ること」に含まれる発話行為そのものが,それに接する人に教えるのは,ストーリーの意味というものは,Frege-Russell によるセンスと指示に関するルールに従って確立され得るようなものではないということである。われわれは,ストーリーをその本当らしさ,その「真実らしさ」,あるいはもっと正確に言うなら,その「実生活らしさ」によって解釈するのである。[38]

われわれが今考察しているこの種の解釈的意味は,メタファー的であり,暗示的であり,文脈に非常に影響されやすい。しかしながら,それらは文化の基礎であり,物語化されたフォークサイコロジーの基礎である。こうした考えに立つ意味は,権威あるアングロ・アメリカンの伝統を受け継ぐ哲学者が,「意味」という語で意味したものとは,基本的な在り方において異なっている。それゆえこのことが,「文化的な意味」は,全体として印象主義的,もしくは文学的範疇のものでなければなら

ないと言おうとしているのだろうか。もしそうだとしたら，その兆候は，意味についての「よりあいまいな」概念をその中心に置く文化心理学にとっては，好ましいとは言えないことになるだろう。しかし，私は，そうだとは思わない。それを今から説明していかなければならない。

　今世紀の初め，アングロ・アメリカンの哲学は，「心理主義」と伝統的に呼ばれているものに背を向けた。そこでは，一方での思考**過程**と，他方での「純粋思想」の間には何の混乱もないはずである。前者の思考過程は，哲学的認識における意味の領域とはまったく無関係である。それは主観的であり，私的であり，文脈に影響されやすく，個人独特のものである。一方，純粋思想は，命題として具体化され，共有され，厳密な分析が容易なものである。初期のアングロ・アメリカンの哲学者たちは（彼らの中に Gottlob Frege を含めておく，というのも彼はこの運動を触発したからである），自然言語を深い疑念を持ってながめ，自分たちの企てを進めるにあたって，文脈からは切り離された形式論理学という媒体を使うことを選んだのであった[39]。個々の人間の心がいかにして個人独特の意味をつかむようになるのか，という本物の問題があることには誰一人として疑問を抱くものはなかったが，それが哲学の中心的な問題とされることはなかった。哲学的な問題は，むしろ，**書かれたものとして**のセンテンスや，命題の意味を決定することであった。これは指示とセンスを確立することによってなしうるとされた。指示は，そのセンテンスが真であるための条件を決定することによってなし

え，定義的センスはそのセンテンスが他のどのようなセンテンスと関係するかを確立することによってなしうるのである。真は客観的であった。つまり，センテンスは，われわれがそれらを真，あるいは偽と認識しようと，それはもともと真か偽なのである。普遍的センスは，個々の，私的などのようなセンスからも独立しているとされた。この問題は充分に展開されなかったが，おそらく展開することができなかったからであろう。こうした状況の下で，意味は哲学者の道具，論理的分析の形式的器具となったのである。

　形式論理的伝統として文脈から切り離されたセンテンスは，あたかも発せられた場所も人も持たないような発話，つまりセンテンス自体の力によるしかない「提唱者なき」テクストのようである。[40] そのようなテクストの意味を確立させるには，高度に抽象的な一連の形式的操作を要する。多くの心理学者，言語学者，人類学者，そしてその数を増しつつある哲学者たちは，意味が「検証」の条件によって左右されることになったため，使用と関連した意味というより広い人間的な概念が，事実上放置されたままになってしまったとの不満を訴えていた。

　直接的にはJohn Austinに，間接的にはWittgensteinによって触発された発話行為の理論家に導かれ，心の研究者たちは，ここ30年間，意味の検討にコミュニケーションの文脈を復活させることに精力をかたむけてきた。[41] 発話は，古典的な伝統においては，文脈から切り離された，いわばその提唱者を持たない語法として扱われてきた。しかし発話はまた，話者のコミュニ

ケーション意図の表現として,原則化された方法で扱われることも可能であった。そして同じ趣旨で,話し手の意味は聞き手によって把握されたもの,つまり「理解された」ものなのか,そして何がその理解を決定するのかを,人は問うことも可能であった。誰もが知っているように,理解されるかどうかは,話し手と聞き手が,さまざまなタイプの意味伝達のための一組の協約を共有しているかどうかにかかっているのである。そしてまた,これらの意味は,指示と真偽の問題に限定されるものではないのである。

発話は単に対象を指示するよりはるかに多くの意図を具現している。要求すること,約束すること,警告すること,そして時には,洗礼という行為のように,儀式的な文化的機能を果たすことさえも具現しているのである。共有化した協約があるからこそ,話し手はその場面に適合した発話の使用が可能になるのであるが,その協約は発話が真であることの条件ではなく,発話の **適切性条件** であった。つまり,それは一つの発話の命題としての内容についてのルールであるだけではなく,必要とされる文脈としての前提条件についてのルールであり,対人交渉上の誠実さについてのルールであり,そして発話行為の性質(たとえば,「約束」はそれを口に出して言うことができなければならないような)を決定する本質的条件についてのルールなのである。後に,Paul Grice はこの説明をさらに深めて,これらの協約のすべてには,私がすでにそれとなく言及した「協同原理」,すなわち会話を交わす時の簡潔さ,適切さ,明快さ,そ

して誠実さに関する一連の行動原則が課せられていることを記している。[42] このことから，これらの行動原則を協約化された方法で破ることによって，意味はまた，生成されるという説得力ある考えを発展させていったのである。

　表現の適切性条件と Grice 流の行動原則の導入によって，論理学者の黒板に書かれた「提唱者なきテクスト」は，話者の意図という発話内の力をそなえ，状況の中に位置づけられたスピーチにその座をゆずり渡すこととなった。状況の中に位置づけられたスピーチにおける意味は，文化的で，協約的なものとなったのである。そして意味の分析も，単なる直観としてではなく，むしろより経験的に基礎づけられ，原則化されたものとなったのである。文化心理学の中心過程として，すなわち一新した認知革命の中心過程として，意味作成の復権を私が提言したのは，まさにこの精神においてなのである。この原理に基づいて理解された「意味」という概念が，文化を構成する規約の網目に言語上の規約をつなぎ直してきたと私は考えるのである。

　意味について最後に一言つけ加えておこう。特に意味は，どの物語にとっても不可欠であり，どの物語の把握にも関係してくる条件だからである。私がこれまでに物語の概念を提言してきたのは，次のような明白な事実を重んじたからである。その事実というのは，人びとは文化現象を理解するにあたって，世界における事象ごとに対処しているのではないし，またテクストの中のセンテンスに対しては，そのセンテンスごとに対処しているのではないということである。人びとは事象やセンテ

スをより大きな構造の中で枠付けるのであって,たとえばBartlett の記憶理論のスキーマにおいてであろうと,Schank と Abelson の「プラン」,あるいは Van Dijk が提唱した「フレーム」においてであろうとそうである。[43]これらのより大きな構造が,その中に含む構成要素を解釈するための文脈をもたらす。ゆえに,たとえば Elizabeth Bruss と Wolfgang Iser はそれぞれ,フィクションのストーリーを構成する「超」発話行為についての原理的叙述を行っているし,また,Philippe Lejeune は,彼が「自伝的な約束」と名づけたものに,書き手,あるいは読み手として人が関わろうとする時,何を引き受けることになるのかを体系的に述べている。[44]また,人は,「願わくば」という最初の一言に続く特定の発話の意味にかかわる条件をもはっきりと想像することができる。神の摂理のもとでは,「今日も,われらに日々の糧を与え給え」という発話は,一つの要求としてではなく,いうならば,畏敬と信頼の行為として受けとめられる。そして,もしその発話が,そうした文脈において理解されるならば,それは当然,一つの進句(ミサでの修辞ことば)として解釈されるにちがいない。

　われわれが,ある原則化されたしかたで意味と意味作成を解釈できるのは,特定の意味が創られ,伝達される際のより広い文脈のもつ構造と凝集性をどれだけとらえ得るのかによって決まると私は信じているのである。だからこそ,私は意味の問題の解明で,この章を終えることを選んだのである。意味は「あいまい」だからという理由で,意味を心理学の理論的中心に置

くことを拒否するのはまったくあてはまらない。その曖昧性というのは，過去の人となっている形式主義的論理学者の目にそう映っていただけなのである。われわれは，今，それを超えたところにいるのである。

第3章
意味への参入

I　物語の力の達成

　前の章では，フォークサイコロジーとよんでいるものについて——おそらく「民間人間科学」(folk human science) の方がよりふさわしい用語であろうが——述べることに私は特に関わっていた。私は，人間が他の人と相互に関わるなかで，規範的とされる通常のセンスをいかにつくるのかを示したかったのである。そのセンスを背景として，人は物語の意味を解釈したり，人間の生活の「正常」な状態に生じた裂け目や「正常な」状態からの逸脱に対しても，物語的意味を与えることができるのであった。そのような物語的説明は，個人特有な表現を「現実の人生のように」組み立てる効果をもち，それによって人との折衝を進めたり，決裂や諍いを回避することができる。最後に，

私は文化的意味作成を，ただ単にセンスとか指示だけではなく，「適切性条件」にも関わるシステムとしてとらえる見解を支持するケースをあげた。この適切性条件は，「現実」についての多岐にわたる解釈を説明するような緩衝状況を作り出し，それによって，意味のちがいを解決するのである。

　物語的解釈を介在させることによって意味を折衝させたり，折衝させ直したりするこの方法は，思うに，個体発生的な，文化的な，そして系統発生的なその意味において，人類の発展の最高の達成の一つである。文化的にみると，もちろん，その方法が共同体の蓄積された物語資源やそれと同じ程貴重な解釈技術という道具一式によってどれだけ促進されてきたかは測り知れない。つまり神話や人間の苦境の類型学，また，さまざまの物語を位置づけたり，解決するための伝統的方法によって助けられているのである。さらに，その方法は，この後すぐ見ていくように，系統発生的にみると，進化の中では，高等霊長類（ヒト以前でさえも）において発生した，同種属の個体の信念や欲望を認識し，さらに利用するところの原初的認知能力によって支えられているのである。David Premack が最初に「心の理論」と呼んだものである。[1]

　この章では，文化的に規範的とされるものを選び出すだけではなく，物語に組み入れられ得る逸脱を説明し得る能力，すなわち物語の力を人類の子どもが獲得する（あるいは実現する）いくつかの方法を検証するつもりである。この能力の獲得は，後に示すように，単に心的な獲得ではなく，子どもの社会生活

に安定をもたらす社会的行為の獲得である。社会的安定性のもっとも力強い形態の一つとして，人間の多岐にわたるストーリーを共有し，その解釈をどの文化にも広く存在する種々の道徳的拘束や制度的義務に適合させようとする人間の性向が存在する。その性向は Lévi Strauss がわれわれの注目をひいたことで有名な交換システムと肩を並べるものである。[2]

II　意味の生物学

しかし，このように重要な一般原理の形で問題を扱い得るにいたる道程は長い。というのも私は，非常に幼い子どもがどのように「意味に参入していく」のか，彼らは自分たちをとりまく世界の意味，特に物語の意味をどのように理解するようになるのかを論じてみたいからである。生まれたばかりの赤ん坊は，「意味」を把握できないといわれている。しかしながら，きわめて短い間に（われわれは，これを言語使用の初期段階であるとするが），彼らはそれができるようになるのである。ゆえに，私はこの説明から始めたいが，その前に一つの横道にそれる必要があるだろう。より適切な用語はないが，「意味の生物学」と呼ぶべきものに触れておこう。

その表現は，初めは矛盾した語法のように思えるだろう。なぜなら意味そのものは，前もって存在している共有シンボルの体系に依拠している文化的に媒介された現象だからである。そ

れでは,意味の「生物学」はいかに成り立つのであろうか。C. S. Peirce 以来,意味は記号や指示対象だけではなく,**解釈項**——記号—指示対象関係がそれによって媒介される世界についての表象——にも依拠していることをわれわれは認識している。Peirce がイコン,インデックス,シンボルを区別したことを思い出してほしい。イコンは,絵のように指示物との「類似」関係をもつものであり,インデックスは,煙と火の関係のように随伴的なものであり,シンボルは,ある記号**体系**に依拠している。この記号体系では,記号と指示対象の関係は恣意的である。そして記号が何を「表す」のかを決定する記号体系の中の記号の位置だけである。この意味で,シンボルは,秩序ある,つまりルールに支配された記号システムを内蔵する「言語」の存在に依拠しているのである。

したがって**シンボリック**な意味とは,あるつきつめた言い方をするならば,そのような言語を内化し,その記号**体系**をこの「代表」関係における解釈項として使いこなしうる人間の能力に依拠していると言える。この観点からすると,人間が意味の生物学を考える唯一の方法は,前言語的な状態の有機体に言語的やりとりを準備するようなある種の前ぶれ的システム,ある種の原言語的な体系を調べることだけである。そのようにこの問題を考えるならば,生得性ということを思い起こさせる。つまり,われわれは生得的に言語の才能を授かっていると主張することになるだろう。

そのような生得性に訴えることは目新しいものではない。そ

の問い方にも，多くの違った形がある。たとえば，一世代前には，Noam Chomsky が生得的「言語獲得装置」を提言した。この装置は，深層構造的な特質に一致するような言語入力だけを，子どもの直接的環境の中から受け入れることによって作動する。またこの深層構造的な特質は，人類のあらゆる言語に存在すると仮定されている。彼の深層構造の観念は，まったく統語論的なものであって，「意味」，または，言語の実際の使用とさえ何の関係もないとしていた。それは完全な言語的能力であり，言語にむけての**コンピテンス**であった。子どもは全くの言語的な資料（時には，そうするにはあまりにも不充分な資料や，「非生成的」あるいは「準文法的な」資料であっても）にさらされて，そこからセンテンスの形成や変形のルールを把握していく能力をもっているとの断定に彼の立場は基づいていた。文が何を意味しているのか，あるいはそれらがどのように使われているのかには大して関心はなかった。

　以来何年かにわたって，生得的構文レディネスに関する Chomsky の主張について多くのインクが費されてきた。われわれは，この論争の歴史をたどる必要はない。ほんの間接的にしか関わりがないからである。少なくとも Augustine 以来，言語獲得に関する思弁を支配していた眠気をさそう経験論から，われわれの誰をも目覚めさせる効果が彼の主張にはあった。さらに，その主張によって，子どもの母語獲得をめぐる条件に関する経験主義的な研究は，いっせいに堰が切りおとされたように行なわれた。この膨大な研究文献から，初期の獲得に関する

三つの主張が浮かび上がるが，そのすべてが意味の生物学に対するわれわれの探究にとって，導き手となりうるものである。

最初のものは，子どもが言語を獲得するには，Chomsky（と他の多くの学者たち）が推測した以上に，はるかに多く養育者からの援助と相互作用を必要としているという主張である。言語は，傍観者としての役割においてではなく，使うことを通して獲得されるのである。絶え間ないことばの流れに「さらされる」ということは，ことばをまさに「行為」のさなかに，使うことほど重要ではないのである。言語を学ぶことは，John Austine の有名なフレーズを借りれば，「ことばでいかに事を為すか」を学ぶことである。子どもは単に**何を**言うかではなく，いかに，どこで，だれに，そしてどんな状況で言うかを学習しているのである。言語学者が一週ごとに，子どもの言う**こと**を特徴づける構文解析の規則のみを検証するのはそれなりに理にかなった仕事ではあるが，しかしそれでもって，言語獲得を可能にする条件の説明を与えることができると考えるのはナンセンスである。

二番目の主張の結論は，きわめて重要であるし，また簡潔に述べることができる。ある種のコミュニケーションの機能や意図は，子どもがそれらを言語的に正しく表現する公式言語を身につける以前にまさしく存在しているということである。少なくとも，これらには指示やラベルづけ，要求，そして欺きが含まれている。自然に即して見れば，子どもの言語習得は，あたかも実際に生きる中でこれらの機能をよりよく果たそうとする

ことに動機づけられている部分があるかのようである。事実,言語にとって不可欠なある一般化されたコミュニケーションのスキルがあって,適正な言語そのものが始まる前からすでにそこにあるように思われる。そのスキルは,いったん子どもが話し始めると,後の子どものスピーチに組み入れられる。もっとも顕著なものをあげると,指示対象を推定しての共同的注意や,役割の交替,相互交換などである。

三番目の主張の結論は,実のところ初めの二つの結論を濃縮したものに他ならない。つまり母語の獲得は非常に文脈に敏感であるということである。これは,子どもがそこで話されていることや,その話が行われている状況の意味を,ある**前言語的な方法**ですでに把握している時に,言語の獲得がよりうまく運ぶことを意味している。子どもは文脈を察知することで,一つの言語の語彙のみならず,文法の本来そなえている諸相をよりよく把握することができるように思われるのである。

このことはただちに,われわれを最初の問いへと立ち返らせてくれる。つまり,子どもは状況に適合した**語彙や文法**をマスターするのに役立つかたちで,いかにして状況(あるいは文脈)の「意味を把握する」のかという問いである。そのような把握を可能にするのに,どの種の Peirce 的な解釈項が作用しうるのか。これに答える試みはしばらく先延ばしにしてほしい。というのも,なすべきことをまず明確にしておきたいからである。

ここ20年間の研究の光に照らして(そして特に,この研究でわれわれがたどり着いた三つの一般的法則に関して),言語に対する

人間のレディネスを扱う上で，私は Chomsky とはまったく違った取り組み方を提言したい。言語における構文論的な形式の重要性を軽視することはしないが，私は，**機能**および文脈の把握と先に呼んだものにもっぱら焦点をあてるつもりである。構文ルールの微妙さと複雑さゆえに，そのようなルールは，**道具的に**学ぶことしかできないと信じるにいたっている。なぜならば，道具はある重要な操作上の機能と目的を果たすためのものだからである。高等動物の王国のどこにも，高度に技術化した組み換え可能な行為で，「自動的に」あるいは機械的に学習されたものは見いだせない。たとえ，強力に発達した生物的な傾性によって育てられる時でもありえない。生殖行動でも，自由摂食でも，攻撃や好戦的行動でも，空間行動でさえもありえないのである。そうした行為の完全な発達は，使用によって練習され，形成されることに依っているのである。

ゆえに，われわれがどのように「言語に入っていく」のかを問う場合，それが淘汰された一組の前言語的な「意味へのレディネス」に依らなければならないと私が考えても意外なことではない。すなわち，人間がそれに対して生得的に調整され，またそれを積極的に探求しようとするある意味クラスが存在するのである。それらは言語に先んじて，原始的な形で世界についての原言語的表象として存在しているのであって，その表象を充分に実現するには言語という文化的な道具に頼らなければならないのである。このことは，Chomsky 派の Derek Bickerton が「バイオプログラム」と呼んで，われわれの目を構文的構造

へ向けさせたプログラムが存在するのではないかとした主張をいかなる意味でも否定するものではない。もし、そのようなバイオプログラムがあるなら、それを引き起こす引き金となるものは、子どもの言語環境中にその適切な見本例となるものが存在することによるだけでなく、「文脈への敏感性」にもよっているのである。その「文脈への敏感性」は、私が提唱している文化的に妥当なさまざまの意味のレディネスによってのみもたらされるものである。人が「傍観者」としての立場から、**進んだ言語を獲得できるのは**、ある程度の言語がまさしく獲得された**後**においてだけである。言語をはじめてマスターできるのは、コミュニケーションの道具としての言語に参加することからだけなのである。

　それでは、意味クラスの選択にとってのこの前言語的なレディネスとは何なのであろうか。われわれはそれを一つの心的表象の形式として特徴づけてきた。しかし、それは何**についての**表象なのだろうか。それは他者の行為や表現によって、また人が相互に交渉しあうある基本的な社会的文脈によって引き起こされる高度に可塑性に富み、しかも生得的な表象だと私は信じている。一言で言うならば、われわれは心の「理論」とまでは言わないまでも、ある特別なしかたで社会を解釈し、その解釈にしたがって行為するような一連の傾性をもって生まれてくるのである。これは結局、われわれがフォークサイコロジーの原初的な形をすでに備えてこの世に出てくるということになる。では、それを構成する傾性の性質に立ち返ろう。

そのような形の社会的「意味のレディネス」は，われわれの進化の歴史の産物であることを提唱したのは私が最初でない。事実，文化に対する人のレディネスというものは，他者にむけてのそのように特殊化した「調整」というものに依拠しているものかもしれないと Nicholas Humphrey が提唱している。そして，Roger Lewin はここ数10年の霊長類に関する文献を検討しながら，高等霊長類の進化における淘汰の基準をもたらしたのは，おそらく群れを作って生きるための要件に対する敏感さであろうと結論している。確かに，霊長類の自在で，日和見的な社会的連携や，これらの連携を維持し，強める際の「欺き」や「故意の偽情報」の使用を再検討することは，私が提唱しているさまざまなフォークサイコロジー的な表象が人類出現以前に起源があることを証明することになるだろう。

　まず最初に，次のように主張することによって，私の言わんとすることを説明したい。その主張とは，フォークサイコロジーを原言語学的に把握することによって，同じことを言語で表現し，理解することができるようになる以前に，すでに**実践**という形で可能であるというものである。実践的な理解は，子どもが社会的相互作用を調整していくことの中に最初にその姿を表すのである。その例となる主な資料として，Michel Chandler とその共同研究者によって最近報告された説得力に富む例証実験から取り上げてみよう。

　彼らは次のように述べている。「『心の理論』をもつことは，ある特定の説明枠に同意することであり，この説明枠は多くの

一般成人のフォークサイコロジーと共通である。またこの説明枠によって，ある種の行動が当事者の信念や欲望によって起きたのであると理解できるのである」[11]。「心の発達理論」についていっせいに芽ぶき始めた研究においては，子どもたちが4歳以前にそのような理論を**もって**いるのかどうかについての活発な論議がなされている[12]。そして，子どもの発達に関する研究にはよくあることだが，論議の多くは「どのようにそれを測定するのか」という問題に集中している。もしあなたが「誰かがそれを正しいと**まちがって信じていた**からそうしてしまった」ことを子どもに説明させるような実験手続を用いる場合，特に子どもが問題の行動に直接関与していないならば，4歳以前の子どもたちはこのような課題に成功することはできない。4歳以前の子どもたちは，他人の誤った信念に基づく行動をほとんどうまく説明できないようである[13]。

しかし，Chandlerと共同研究者が提供した新しい証拠によって次のことが証明されている。もし，子どもたちが，自分自身で隠した物を他人に見つけられないようにしなくてはならない状況に置かれたなら，その時は，2歳から3歳までの子どもでも，それを探そうとする相手には適切な情報を知らせないばかりか，それどころか，隠した宝から相手を遠ざけるために，まちがった方向に導く足跡のような**虚偽の**情報を創りだして相手に与えさえするだろうということを証明したのである。この隠し物探し課題は，「明らかに被験者自身の自己の利害に関わったものであり，……自分の利害を他の**現実の**人の利害と対抗

させるものである，子どもたちに，他人のまちがった信念について**言わせる**よりもむしろ，自分の行為で直接**証明させる**課題なのである」と著者は指摘している。4歳，あるいは6歳の子どもたちは，自分たちに直接関わっていない他者の考えや，望みをも含んだ成熟した心の理論を持っていることは，疑いの余地のないところである。むしろ，肝心なことは，言語が相互交渉の道具としての役割を担う以前であっても，人は，ある原言語的な「心の理論」をもたずしては，他者と**人間的な**相互交渉ができないということである。それは人間の社会的な行動に本来内在しており，成熟の低いレベルにあってさえも特有の形で姿を現わすことであろう。つまり，そのレベルでも，たとえば9カ月の乳児は，大人の「指さす方向」を見てそこに何もなければ，大人が指さす方向だけでなく，ふり返って視線の方向をもたしかめようとする。そして，このフォークサイコロジー的前ぶれから，結果的には指示やラベリングなどのような言語的達成が現れてくる。子どもが，相互交渉を通して明示的指示をうまく操るのに適切な前言語的な形態をひとたび習得すると，それらの形態を越えて，いわば言語本来の範囲の中で操作できるようになってゆくのである。

III　物語へのレディネス

このことは，言語の形態が前言語的実践「から生じる」と言

っているのではない。幼い頃の「前言語的」形態と，機能的にそれと「等価な」言語形態との間にある**形式上の**連続性を明確にすることは，原理的には不可能であると思う。たとえば，英語の倒置的要求構文（"Can I have the apple?"「そのリンゴを食べていい？」のような）は，そうしたことばを発するに先立つ段階での手を差し出すという動作による要求のジェスチャーと，どういう意味で「つながっている」のであろうか。この場合にわれわれがせいぜい言えることは，ジェスチャーと倒置的構文構造という二つが，「要求する」という同じ機能を果たしているということである。確かに，代名詞と動詞の恣意的逆転ということは，イコン的にみてもインデックス的にみてもそれだけでは「要求的な」ものではない。構文ルールとそれらが果たす機能との関係は**恣意的**である。ゆえに，各言語には，同じ機能を果たすそれぞれ異なった構文ルールがある。

　しかし，これだけでは完全な説明とは言えない。事実，それだけでは説明の半分にすぎない。文法のルールが特定の機能をどのように果たすのかということに関しては恣意的であると，たとえ認めたとしても，文法形式の**獲得の順序**が，いわば，コミュニケーション要求における優先順位を反映している，つまりコミュニケーションにおける**高次の**要件の優先順位を反映しているということにはならないかもしれない。アナロジーとして言語の音声体系をマスターする場合を挙げる。音素はそれら自身としてマスターされるのではなく，それらがその言語の語彙素を作る基本ブロックを構成しているために習得されるので

ある。音素は語彙素的な要素を習得する過程において習得されるのである。それと同じく，文法の形式と特徴はそれ自体のために習得されるのでもないし，単に「より効率的なコミュニケーション」を求めるためだけに習得されるものでもないということを述べてみたい。文法上の実体としてのセンテンスを，形式文法家は崇め奉っているが，われわれから見ると，それらはコミュニケーション上の「自然な」単位ではない。自然な形態とは，Halliday の語を借りれば，「実用的」あるいは「明示的」談話機能を果たす**談話の単位**である。[16] 実用的な機能とは，自分のために他者を動かすことを含むことが典型的である。明示的機能とは，John Dewey の古めかしい表現を借りると，いわば，「世界についての自分の考えを明らかにすること」に関わるものである。どちらもセンテンスを**使って**いるが，共に一つのセンテンスの範囲内には決して限定されていないのである。しかしながら，談話を理解するためには，一定の文法の形式が（たとえ恣意的であっても）使用可能であることを，談話の機能は必要としているのである。それはちょうど，語彙としての「単語」の使用は，それが恣意的な音声的区別の適切性に依って決まってくるのと同じである。

　私がここまで苦心して論じてきたのは（そして，これからもさらにこの章で論じることになるが），人のコミュニケーションにおいて，もっとも身近にあり，もっとも力強い談話形式の一つが**物語**だということである。物語構造は，言語による表現が可能となる前の，社会的実行行為の中に本来備わっているほど

である。幼い子どもが文法の形式を習得する際の優先順位の決め手となるのは，物語構成に向けて働くひと「押し」であるという，より根源的な主張を今こそしたいと思う。[17]

　前の章でもふれたように，物語が効果的に語られるためには，四つの重要な文法的構成要素を必要としている。最初に，物語は，人の行為，つまり「行動主体性」——動作主によってコントロールされる目的指向的行為——を強調する手段を必要とする。二つめに，物語においては，時系列的秩序が確立され，維持されること，つまり事象や状態が標準的な様式で一本に「線型化」されることを必要としている。三つめに物語はまた，人同士の相互交渉において規範的なものとその規範を打ち破るものに対する感受性を必要とする。最後に，物語は，語り手のもつ全体的見通しを推定させるような何かを必要としている。それは，物語学での用語で言うなら「声なき」ままではあり得ないのである。

　物語へのひと押しが，談話のレベルで作用するとすれば，文法形式獲得のしくみも，これらの四つの要件を反映しているはずである。では，それはどのように，うまく機能しているのだろうか。われわれの探索にとって幸いなことに，母語の初期獲得に関する研究の多くが，格文法での意味関係や語義関連の範疇について述べているのである。これによってわれわれは，幼い子どもが最初にもっとも敏感になる意味範疇の種類を査定できることになる。

　幼い子どもが，あらゆる言語の使用に必要な指示という基本

的観念をいったん把握するようになれば，言い換えると，命名が可能になり，対象を心に留めることができ，それが存在しなくなっても銘記できるようになれば，彼らの主な言語上の関心は，**人の行為とその結果**，特に**人の相互作用**に集中するようになる。行動主体と行為，行為と対象，主体と対象，行為と場所，所有者と所有物が，話し始めの初期の段階に現れる語義関係の大部分を作り上げることになる。[18]これらの形態は行為に言及する時だけでなく，要求する時にも，所有物の交換をやってのける時にも，妥協する時にも，そして他者との相互作用についてコメントする時にも現れる。さらに加えて，幼い子どもは，「目的」や自分たちのやり遂げたことに早くから非常に敏感である。また，やり遂げた時の「全部，できた」や，そうでない時の「あーあ」のような表現にも同様に敏感である。人間とその行為が子どもたちの興味と注意のほとんどを支配しているのである。このことが，物語にとっての第一の要件である。[19]

　二つめの要件は，通常でないものに留意し，通常であるものは注意せずにほおっておく——つまり風変わりなものに注意を集中し，その情報を処理する——レディネスが早くからできていることである。実際幼い子どもは，いとも簡単に通常でないものに心を奪われるので，乳児の研究をしている者はその点を拠りどころにするようになっている。その力が「慣化実験」を可能にするのである。乳児は通常でないものの存在に出会うと，確かに生き生きしてくる。彼らはより強く凝視したり，乳を吸うのをやめたり，心拍が減じたりする。[20]乳児が言語を獲得し始

める時,言語的努力が,自分の世界の通常でないものに向けられるのは驚くに当たらない。彼らは通常でないものの存在に活気づくだけでなく,それに対して身ぶりを示し,声を出し,ついにはそれについて話すのである。Roman Jakobson が何年も前に述べたように,話すというまさにその行為は,通常でないものを通常のものから区別する行為なのである。Patricia Greenfield と Joshua Smith は,この重要なポイントを実験で示した最初の研究者である。[21]

　三つめの要件は「線型化」と,時系列性の標準化した形での維持に関することである。これはあらゆる既知の文法構造に組み込まれている。[22] これについても,次のことを記しておかなければならない。世界の大部分の既知の自然文法は,直説法のセンテンスを表すため,現象的には語順保持として SVO（主語―動詞―目的語："somebody does something"）の順序を用いることによって,この線型化をより容易なものにしているということである。しかも,それぞれの言語における SVO の形式は,多くの場合,最初に習得されるものである。子どもたちは,順を追って話すための文法的で語彙的形態を早くから習得し始める。「それから」とか「その後で」のような時制を表す語を使うことによって,また,結果的には原因を表す語を使うことによってなされるのである。この問題に関してはしばらくしてまた触れることになるだろう。

　四つめの物語の要件,音声,つまり全体的な音声による見通し（これについても,われわれは後で興味深い事例に触れることに

第 3 章　意味への参入

なる）に関することである。それは，語彙や文法的手段によるよりもむしろ，泣き声や他の情緒的な表現，また初期スピーチでの強勢のレベルや同じく韻律上の性質によって影響されるのではないだろうか。しかし，これは確かに以前から論じられており，Daniel Stern が，"The first relationship"において豊かな論を展開している。[23]

　もっとも早く現れるものの中で，これら四つの文法的／語彙的／韻律的特徴は，子どもに，物語的道具という豊富でしかも早い時期における装備をもたらしてくれる。私の論は，誰もが認めるように根源的なものであるが，人の経験を物語的体制化へと押し出そうとする力こそが言語獲得プログラムでのこれらの特質の優先性を確かなものとしているのだと言おうとしているだけなのである。子どもたちは，もっとも基本的な Piaget の論理的命題を言語的形態において扱いうるようになるずっと前に，結果的にではあるがストーリーを生産したり，理解したり，またストーリーによって楽しんだり，はらはらしたりする。そのことは，あまりにも自明すぎるとしても，注目に値するのは確かである。事実，A. R. Luria と Margaret Donaldson による先駆けとなる研究から，論理的な命題はそれらが進行中のストーリーにぴったりとはめ込まれている時，子どもにもっとも容易に理解されるということまで知られている。ロシアの偉大な民俗形態学者，Vladimir Propp は，一つのストーリーの「各部分」は，それぞれがそれ自体で自律した「テーマ」あるいは「要素」としてあるよりも，彼の言うそのストーリー全体

の性質によって決まってくる**機能**としてあることに注目した最初の一人であった。ゆえに，Luria や Donaldson のような研究を基にして，われわれは次のように尋ねてみたくなるのである。子どもが「論理的」命題を扱うための心的装備をもつ以前において，物語は「論理的」命題に対する早期の解釈項としても役に立ってはいないのではないだろうかという問いである。この「論理的」命題は，大人ならば後から発達してくる論理的演算を使って扱うことができるものである。[24]

しかし，物語的体制化と談話にむけての「原言語的な」レディネスが，文法の獲得順序の優先性を決めていると主張していても，子どもが早期から当然接することになるその文化のもつ物語の諸形態が，子どもの物語的談話に対して何の効果ももたないと言っているわけでは**ない**。むしろ私が言いたいのは，この章の残りで何度も繰り返し示したいと願う次のようなことである。われわれは，物語的体制化に向かう一つの「生得的」で原初的傾性をもっており，それがわれわれの物語の理解や使用を速く容易にしている。しかし今一方，文化はやがてその道具一式を通して，また間もなく自分たちが参加するようになる伝統的な語りや解釈のしかたを通して，物語という新しい力をわれわれに備えさせてくれることとなるのである。

Ⅳ　事象の規範性と逸脱性

　これから述べるなかでは，子どものその後の物語的実践の社会化過程についていくつかの異なる側面を扱っていきたい。あらかじめ，プランの要点を提示しておこう。最初に，むしろ存在を立証するものとして，ごく幼い子どもにおいてさえ，物語ることの引き金となるのは，規範をはずれた出来事の力であることを示しておきたい。そして，幼い子どもを直接取り巻く環境には，「モデル」となる物語がどれほど濃密で，いたる所に存在しているかをごく簡潔に示したいと思う。それが終われば，次に，幼い子どもにおける物語の社会化過程の二つの印象的な例を検討したいと思う。つまり，Chandler と共同研究者たちが，その実験的研究で**試験管内**的に示していたことを，**生きた現実の中で**起こる物語として示したいのである。[25]これらの例が示すように，子どもたちは自分のすでにしたことや，しようとすることが，その行為そのものによってだけではなく，自分がそのことについてどう語るかによっても解釈されることをきわめて早く認識するようになる。**ロゴス**と**プラクシス**は文化的に不可分なのである。**自分自身の**行為についての文化的背景によって，自分を語り手たらざるを得なくさせるのである。先にあげた課題の目的は，子どもの物語への関与を検証するだけでなく，この関与が文化の中で生きていく上でどれほど重大である

かを示すことでもある。

　その実証研究は，Joan Lucariello によって，幼稚園児を対象に行われた非常に簡単かつ的確な小実験である[26]。実験の唯一の目的は，4歳から5歳の幼児において，何が物語活動の弾みをつけるのかを発見することである。Lucariello は，子どもたちに次の二つのストーリーのどちらかを聞かせた。一つは，プレゼントをもらい，キャンドルを吹き消すという一般的なバースデー・パーティーについてのストーリーであり，もう一方は，同じ年齢のいとこがやって来て，いっしょに遊ぶといった話である。バースデーの話のいくつかは，規範を破ったもので，誕生日にあたる少女が喜んでいなかったり，あるいはろうそくを吹き消さずに，水をかけたりするのである。この規範の侵犯は，前章で論じた Burke 派の五基語の中に不均衡をもたらすように意図されたものであった。つまり「行動主体」と「行為」間の，あるいは，「行動主体」と「場面」間の不均衡である。また他方，いとこの話についても比較のための変形したストーリーがあったが，そのような話には規範となる形がないので，どのストーリーも多少変わったものではあるが，どれも文字どおりの「侵犯」の特質には欠けていた。もっとも，話の後で，実験者は子どもたちに，自分たちが聞いたストーリーの中で何が起こったのかについていくつか質問してみた。最初に発見したことは，反規範的なストーリーは，規範的なものに比べると，ほとばしるように物語を生みだしていることであった。10倍もくわしく作り上げているのである。一人の被験者は，誕生日の

女の子が楽しそうでなかったのは、その子がおそらく誕生日を忘れていて、お誕生日に着るべきドレスを着ていなかったからだと説明した。また別の子どもは、母親とけんかしたからだと言ったり、そうしたものがまだまだあった。規範的なストーリーでは、なぜその少女が**幸せ**そうなのか、単刀直入にたずねると、年少の被験者はかなり困惑していた。彼らが思いついて言えることは、女の子がお誕生日であったことだけであった。また、何人かの場合は、あたかも大人がわざと無知のふりをしてたずねているんじゃないかと当惑するかのように単に肩をすくめるだけであった。規範性をもたない「いとこと遊ぶ」ストーリーにおいてさえ、その中で、少しはずれたストーリーでは、平凡で基準的なものの4倍も、入念な物語が引き出されている。この入念な物語は、前の章で論じた形態を典型的にとっていた。つまり、それらは文化的所与性（誕生日にはパーティー用のいいドレスを着なければいけないこと）に並置して、意図的状態（その子が自分の誕生日を間違えていたこと）を生じさせてくるのであった。物語はまさにねらいどおりであった。主人公の主観的状態に訴えることによって、文化的逸脱のセンスをとらえようとするのであった。

　さて、これらの発見について述べたのは、読者を驚かせるためではない。私の関心を引いたのは、これらの発見のもつ明白さである。4歳の子どもは文化について充分には知らないかもしれないが、彼らは何が規範的なものかを知っている。そして、規範的でないものを説明するために進んでお話を作って答えた

がるのである。そしてまた，お話を作れる程，何が規範的なものなのかを知っているのも驚くべきことではない。それはちょうど次の Peggy Miller の研究が示している。[27]

その研究は，ボルチモアのブルーカラーの幼い子どもの物語環境に関わっている。Miller は家庭での母親と就学前の子どもたちの会話を記録した。同様に，子どもたちに容易に聞こえる所での，母親と他の大人たちとの会話も記録した。そうした個人的な環境では，日常の経験を再現するストーリーの絶え間ない流れは，Miller の言うところを言い換えると，「情け容赦もない」ものである。記録した会話では，毎時間平均して8.5の物語があり，つまり七分ごとに一つの割合であり，その四分の三は母親によって話されている。それらは，アメリカ人の会話で広く日常的に使われている単純な物語である。それは，3歳までの子どもの会話によく見られる形態である。そこには単純な方向づけ，突発した事件の直線的な描写，解決，時には結末が含まれている。[28]それらはすでに話されたものとして，理解することができる。それらの四分の一は子ども自身のやったことに関するものである。

非常に多くの数の物語が暴力，攻撃，あるいは脅しを扱い，死や，子どもの虐待，妻を殴ること，また人を撃つことさえはっきりと扱うものもかなりの数になる。この無検閲性や「苛酷な現実」に次々に遭遇させることによって，子どもたちを「タフにさせ」とか，また早くから人生へ備えさせるのだと意図的に強調することが，下層階級におかれた黒人文化の多くの所で

行われているのである。Shirley Brice Heath は,いなかの小さな町の黒人の子どもたちの研究で,これと同じ現象を報告している[29]。

さらに,ストーリーはほとんど常に語り手が有利なように描かれている。語り手は勝利し,ほとんどと言っていいほど対話中の誰かをしのぐ形をとっている。そしてこれは,伝達話法の使用によって実証されている。つまり,それは劇的であるだけでなく,自己を直接的に力強く提示するためのレトリックとして適している。ちょうど以下の断章に示されるように。「そして『あの大きな鼻をした,あ,ば,ず,れをごらん』って彼女が言ったのよ。そこで私は言い返してやったの。『あら,私に何か？』って。『ワタシニ,ハナシカケテイラッシャルノ？』って。それから『ねえ,太っちょでがさつ者のあなた,あなたをフライパンに入れて,普通の体になるまで煮てやるわ。おせっかいをやくならね』って言ってやったの」[30]。この資料には,「自分自身に関するストーリーを語る」例はほとんど見当たらない。強調されているのは,苛酷な世界におかれた「行動主体」に与えられた危難であり,行為とことばによっていかにその世界を切り抜けるかである。わずかな例であるが,Miller は,幸いにも,先に記録しておいた大人が語ったストーリーを,幼児たちがもう一度語り直すのを記録していた。子どもたちは,ドラマとそのオリジナルを,劇的に語るパラ言語的特徴の両方を誇張していたのである。

さて,私はボルチモアのブルーカラーの子どもたちを,特別

な物語環境をもつものとして選び出したつもりはない。すべての物語環境は，文化的な要請に応じて特殊化されており，それらすべてが，語り手を自己という一つの形式として様式化し，語り手と対話者間の関係の種類を規定している。ゆえに，白人の小さな町ロードヴィルの報告で，文言上の不穏当な箇所を削除訂正した語りについての Shirley Brice Heath の説明を，私は使うこともできただろう。[31]そのような物語環境について詳細に検討された標本がどちらも示しているのは，子どもたちの世界においては（これに関しては大人の世界においても），どこの物語にも同じストーリーが存在していて，そのストーリーが，子どもたちを文化に引き入れるための重要な機能を果たしているということである。

V 家族内のドラマ

ここで，われわれは子どもたちが物語を何に使うのかに目を向けることができる。それには，Judy Dunn の著書，"*The Beginnings of Social Understanding*"をもって始めるにしくはない。「子どもたちは，これらの発達が生じる世界の中で，あるいは，子どもたちが社会を理解することの微妙さを充分考慮しうるような文脈の中で，ほとんど研究されたことはない」[32]と Dunn は言う。しかし，彼女の主張は，単に心理学的な研究において「生態学的に位置づけられていること」に対する自然

主義者の抗弁としてではない。むしろ，彼女の言いたいのは，社会的理解は，たとえ結果的にどれ程に抽象的になろうとも，その子が**主役**——行動主体，犠牲者，共犯者——である特定の文脈下での**実行行為**として，常に始まるということである。子どもは，告げたり，正当化したり，言いわけすることが求められるようになる**前**に，まず日常の家族「ドラマ」での役割の演じ方を学ぶのである。何が許され，何が許されないのか，どういうことがどういう結果につながるのか，これらを最初に行為の中で学ぶのである。そのような行動としての知識を言語に変換するのは，後になってはじめて行われる。前章での論議からすでに認めているように，子どもは，行為と密着した「指示的目標物」には言語的にも敏感なのである。しかし，幼い子どもが自分たちの関わっている相互作用について話す発話行為を特徴づけるものが他にもある。Dunn は，それがとりわけ重要であることに，われわれの目を向けさせた。

　幼い子どもは彼ら自身の相互作用についての説明を兄や姉，両親からしばしば聞いている。その説明は周知の Burke 派の五基語によって組み立てられている。特定の制約下にある場面において，ある手段によって目的へ向かう行動主体の行為としてである。³³ しかし，その説明は子どもたち自身の解釈と関心に反した形で与えられる。それはしばしば他の主人公の目的にもとづく見地からである。その見地は「何が起こったか」についての子どもたち自身の意見と矛盾したり，「トラブル」に対する子どもたちの意見とも食い違っているであろう。物語の説明

は，こうした状況下ではもはや中立ではない。それらはレトリックとしてのねらいや，発話の内に宿る意図をもっており，その意図は単に説明的であるばかりではなく，かなり偏向が強く，敵対とまではいかなくとも，少なくともある特定の解釈を納得させようともっともらしく事情を述べているのである。これらの初期の家族の葛藤においては，物語は何が起こったかだけでなく，それがそこで説明した行為をなぜ正当なものとするのかを伝える道具となる。物語に関しては，一般に「何が起こったか」ということは，「だからどうなのか」という条件を満たすように仕立て上げられるのである。

Dunn はこれを，いわば「家族内かけひき」の反映とみなしている。それは高等な Freud 的なドラマのそれではなく，日常での必要性によるものと見ている。子どもは，必然的に独自の欲望を持っている。しかし，愛情を家族に頼っているとすれば，これらの欲望が，両親やきょうだいの願望と衝突する時，しばしば葛藤を引き起こすことになる。葛藤が生じた時に子どものやるべきことは，自分自身の欲望と家族内の他者に対する自分の関わりとのどちらをとるかを考えることである。そして子どもは，この目的を達成するには，行動では充分でないことをすぐに学ぶ。当を得たストーリーを伝えること，自分の行動と目的を正当化し得る光に照らすことがまさに重要なのである。欲しいものを得るのは，ほとんどの場合，当を得た話ができるということを意味する。John Austin が何年も前に，その著名な論評 "*A Plea for Excuses*" でわれわれに示唆しているよう

に，正当化できるかどうかは，ストーリーが情況を緩和できるかどうかにかかっているのである。しかし，ストーリーを当を得たものにし，自分の話をうまく弟や妹のストーリーに対抗させるには，規範的に受け入れられる見方を何が作り出すのかを知っていることが必要である。「当を得た」ストーリーとは，自分の見方をうまく緩和させながら，規範的な見方につながりをもたせてゆくストーリーである。

　それ故，ボルチモアの幼い子どものようにこれらの子どもたちも，「日常の」物語を，話すことの一つの形態としてのみならず，レトリックの形態として理解するようになる。3，4歳になると，彼らは，うまく言いくるめたり，だましたり，へつらったり，正当化したり，また愛する人たちとの対立を起こすことなしに物を手に入れるために，自分たちの物語をどのように使うのかを学んでいるのが見られる。しかも，彼らは，同じ働きをするストーリーのジャンルの鑑定家になる途上にもある。このことを発話行為の理論に照らして言うと，彼らは物語の生成的な構造を知ることによって，広い範囲の発話内意図の必要に応じた話し方を組み立てることができるということになる。幼い子どもは，この同じ一連の能力によって，より識別力に富んだ共感性を備えることとなる。彼らは，弟や妹が自己弁護のために言わんとしている意味や意図を，両親に通訳できることもしばしばある。特に自分のもつ関心と何の葛藤もない時にそうである。

　ではここで，これまでのことを概括しておくと，日常の「家

族内のドラマ」は，まず**実行行為**の形で把握されるようになる。すでにわれわれが知っているように，子どもは，行為やそれが起こる時の成り行きに言及するための言語形式をすぐに習得する。そしてその後すぐに，現にしていること，これからすること，また，してしまったことをどのように語るかということは，自分がすることに対して，徹底的な影響を与えることを学ぶ。物語ることは，解説的な行為であるばかりでなく，レトリック的な行為にもなるのである。自分のケースを人に納得させるような方法で物語るには，言語だけでなく，規範的な形式を会得することが必要である。というのも人は，情況を和らげることによって自分の行為を変容させながら，その行為が規範的なものの延長にあるように見えさせなければならないからである。これらのスキルを身につけていく過程で，子どもはレトリックによるやりとりのための，あまり好ましくない手段，つまり，だますことやこびへつらうことなども使えるようになる。しかしまた，多くの有効な解釈の形態を学び，それによって，人の心を見通す共感性を発達させていく。こうして，子どもは人間文化の中に参入していくのである。

VI 『クリブからの物語』

さて，時を発達段階的にさかのぼって Emily をとらえてみよう。彼女の独り言は18カ月から3歳にわたって記録され，

"*Narratives from Crib*"という本の主題となった。[35]まだいとけない子どもであるにもかかわらず，彼女は人生の真っ只中にあった。弟の Stephen が生まれ，彼女を家族の中のソロとしての役割からのみならず，彼女のまさに居場所であるクリブ（幼児用ベッド）からも追い出してしまった。もし，かつて Vladimir Propp が述べたように，欠如と排除のうちに民話が始まったのなら，これはまさしく Emily にとって「物語生成の」時期だったと言えるだろう。[36]そして，弟が生まれてからすぐに，彼女は保育園での荒々しい生活の中に置かれるようになった。両親は二人とも働いていて，ベビーシッターもいたが，すべての背景をなす市街の治安はよくなく，車の乗合客でさえ油断ならず不安をもたらすほどだった。「人生の真っ只中」というのはあながち誇張ではなかったのである。

これらすべての重大な出来事が人生に起こっている間にも，Emily がことばの使い方を着実に上達させていったことはわれわれにとって幸運であった。そのおかげで，彼女の苦闘時代が終わった時に，コミュニケーションの道具としてだけではなく，声にだして考えるための媒体としての言語の発達をわれわれは観察することができたからである。彼女の独り言は豊富であった。事実，Vygotsky 派の「確立した」理論に反して，彼女の独り言は，会話の時のスピーチより，文法的により複雑で，発話の長さはより長く，「ここ―今」の現前性に関わるものは少なかった。おそらく，彼女が自分自身に語りかけている時は，対話者の割り込んでくる発言の間隔に自分のスピーチを合わせ

る必要がなかったからであろう。

　人は誰しもなぜ自分自身に対して語りかけるのだろうか。そして，いくぶん早熟な子とはいえ，幼児はなぜ特にそうなのだろう。John Dewey は，言語は，世界についてのわれわれの考えを整理する手段をもたらすと述べている。"*Narratives from Crib*"のいくつかの章で，彼の意見は確証されている。ここで，そうした問題に戻るとしよう。Emily はまた，ぬいぐるみの動物に話しかけたり，読んでもらったお気に入りの本や，覚えた歌を自分版にして話したり，歌ったりもしている。彼女の独り言のおよそ四分の一は，そのまま物語的叙述であった。それは彼女がそれまでにしていたことや，彼女が明日までにそうなっていたいと思っていることについての自伝風の物語である。繰り返しテープを聴いたり，口述筆記されたものを読んでいるうちに，われわれは彼女の独白物語のもつ**構成的**機能に感心した。彼女は単に報告しているのでなかった。彼女は自分の日常生活を意味づけしていたのである。自分が**したこと**を，自分の**感じたこと**で，そしてそれを自分の**信じること**で包みこむことができるような，統合的構造を模索しているように思えるのである。

　ほとんどすべての子どもたちのスピーチは，語彙的にも文法的にも，人生の初期の数年間に着実に発達するので，われわれはあまりにも簡単に，言語獲得は「自律的なものである」と当然のごとく考えている。このドグマは，先に論じた Chomsky 派の遺産の一部であるが，それによれば，言語を身につけるに

は，言語を身につけようとする以外の何の動機もいらないし，環境からの個々に特殊化された助けもいらない。ある種の，自己装塡された「バイオプログラム」の展開以外何も必要ではないとされている。しかし，口述筆記されたものを厳密に読み，テープを聴くと，Emily のスピーチが飛躍的に上達するのは，意味，もっと正確に言えば物語的意味を組み立てようとする要求によってあおられているからだという印象をもたざるをえない時がいく度かあった。仮に，意味の達成は，文法と語彙の使用を必要とするとしても，意味の探索には，それらの使用は必要ではないかもしれない。われわれと同じく，Lois Bloom は自身の研究の結論で，たとえば，子どもが日常の表現を身につけるのは，人びとが**なぜ**そのことをするのか，その理由への興味によってかりたてられているようだと述べている。同じ意味で，Emily がより良い文法を構成し，より語彙を拡大しようとした努力も，事物を適切な系列的秩序において体制化し，それらをその特殊性においてきわだたせ，それらにある種の態度をとろうとする要求によってかりたてられているように思われるのである。おそらく，やがて子どもたちは言語そのものに興味を，それもほとんど遊びの形として抱くようになる。Ruth Weir の Anthony のように，Emily は後の彼女の独り言のいくつかでは，「ことばでただ遊んでいるだけ」のように見えるが，そういった時でさえ，他の何かがあるように思われるのである。とすると，それは何なのだろうか。[37]

　発達言語学では，「**機能は形式に先立つ**」と言われている。

たとえば，要求や指示の身ぶり的形態は，それらの機能を表現する語彙と文法によるスピーチよりずっと**前**に現れる。しかも，要求したり指示したりしようとする前言語的意図が，適切な言語形式の探索を導き，かつ，その習熟を促進するように思われる。したがって，子どもが経験に意味や「構造」を与えることは，子どもの努力を必ずともなっている。Emily が早期に獲得したものの多くは，物語構造を定着し表現したいという要求にかられてのようにみえる。そこでの物語構造とは，つまり人間の出来事の順序であり，それらが語り手／主役にとってどのような違いをもたらすのかということである。このことは言語獲得についての標準となっている見方ではないことは分かっているが，これをもう少しくわしく解説してみたい。

物語的独り言をよりしっかりとことばの中に定義させるにあたって，Emily の物語的独り言においては，三つのことがもっとも顕著に，もっとも早く達成された。まず第一に，「何が起こったか」をより直線的に，より厳密に順序だてて説明するための言語形式が着実に習得された。彼女の初めのころの説明は，単純な接続詞を使って，起こったことを順につないでいくことで始まり，次に**そしてそれから**のような時制を表す語に頼り始め，それから最後に，彼女お得意の**というのはね**のような原因を示す接続詞を使うにいたった。誰が誰より先か後かとか，何が何より先か後かについて何度も自ら訂正する程に，なぜ彼女は順序にこだわるのであろうか。結局，彼女は自分自身に話しかけているだけなのである。William Labov は，物語構造

についての画期的な論文において,「何が起こったか」の意味は, その時系列の秩序と形式によって厳密に定義されると述べている[38]。Emily が追い求めているであろうものは, この意味なのである。

　第二に, Emily は規範的あるいは通常のものと通常でないものとを区別する形式に急速に興味を示すようになり, その形式の獲得にめざましい進歩を示した。**ときどき**や**いつも**のような語は, 1歳代には独り言の中に入ってくるようになり, 慎重にかつ強調して使われた。Emily は, きまっていて, 確かで, かつ通常的であるとみなしているものには, 興味が薄れ始めた。そして, この通常性についての知識は, 例外的なものを明らかにするための後ろ盾として役立っていた。彼女はそういったことを解明しようと着実に努力していた。この点で, 彼女は, Dunn のケンブリッジでの研究に登場する子どもたちにとてもよく似ている。

　さらに, Emily はいったん, 量によって確からしさをとらえることができるようになり, それを表現できるようになると, 義務的必然性を表す話し方を見せ始めた。**しなきゃいけない**が彼女の語彙に登場し, 日常ひんぱんな事象だけでなく, いわば**ちょうどそれに合った**事象を表すのに役立った。たとえば Emily が飛行機で祖母のところへ旅した後に, 独り言で, 飛行機に乗るには, あなたは「荷物をもたなきゃ」と言った時のように。そして, 慣習的で規範化している事象を表すのに, 特定の時を超えた現在時制を使い始めたのは, 彼女の発達段階に

おいてまさにこの時点だったのである。日曜の朝食のことを言うのに，「**パパがとうもろこしパンを作ったの** *Emmy* **が食べるため**」というような話し方はもはや充分ではなくなった。日曜は今や時制を超えた事象になった。「**あなたたちが起きる時，でも日曜の朝は時々わたしたち起きる……いつかわたしたちが朝起きる時**」。このような特定時間を超えた叙述は22ヵ月と33ヵ月の間に相対頻度では2倍になっている。このことは，これから検討していくだけの重要な意義がある。

　第三番目に，そして最後になるが，Emily は自分の物語的報告に個人的な見方や評価を採り入れ，物語中の行動的景観に意識の景観を加えていくという標準的方法を用い始めたことである。われわれが彼女の独り言を調べている期間を通して，それは増加していき，ほとんどいつも話していることについて自分の感情を表現するという形をとって見られた。しかし，彼女はまた認識的な見方をも試みていた。たとえば，父がなぜ地元のマラソンに出場できないのか自分は理解できないといったふうに。彼女は，その後の時期の独り言において，自分自身の疑問（**あたしが思うに，たぶん**）と，世界で起こる不確定な状態（**時には** *Carl* **は遊びにくる**）をかなり明確に区別していたようである。彼女の独り言の中で，この二つには，区別できる意味の違いがある。一つは，行為者—語り手（つまり，自伝を語る者）の心の状態についてであり，もう一つは「場面」についてである。それらは共に大局的に見たものである。どちらも，語られた出来事についての「だからどうなのか」ということを扱

っているのである。

　この言語使用の努力のすべてが原動力となって，論理の一貫性に向かわせているというわけではない。もっともそれがないわけではないが。むしろ，それは「ストーリーを当を得たものにしようとする」要求である。つまり，誰が何を誰にどこでしたか，それは「本当で」確かなことなのか，あるいは手に負えない出来事なのか，そして自分はそれについてどう感じるのか，というようなことを明らかにしようとする要求である。彼女のことばは，このように話し，考えることを促したが，そのように**強いた**わけではなかった。彼女はある**ジャンル**を用いていたのであり，それはたやすく，おそらくは自然に，手に入れたものである。しかし，Carol Feldman による，Emily の問題解決における独り言の分析から分かるように[39]，彼女はすでに，他の充分使いこなし得る完成したジャンルをも手にしていたのである。そこでの独り言では，Emily はカテゴリーと因果関係の移り変わる世界，属性と同一性の移り変わる世界，つまり「なぜ」の領域のことで頭がいっぱいなのである。このジャンルには，Feldman が言うように，「提起された難問，そこからくる熟考，そして解決の達成という整然としてしかも入り組んだパターンが存在している」。次の例を見てみよう。父が例のマラソン参加をなぜ拒否されたかを理解しようとする Emily の例である。

　　きょう，パパは行ったの，レースに出ようとしたの，でもみん

なだめと言ってパパはテレビで見なくちゃいけないの。どうしてだかわからない，たぶん人が多すぎるから。だからパパは出られないんだと思う……パパを見られたらいいな。パパが見られればいいのに。でも，みんなはだめ，だめ，だめ，パパ，パパ，パパって言ったの。だめ，だめ，だめ。テレビで見なくちゃいけないの。

　もちろん，いつか Emily（他の人と同様に）は，これら二つの基本的なジャンルを組み合わせることができるようになり，いずれか一方でもって他の一方を明らかにしたり，予示したりできるようになってゆくだろう。ここで再び，32ヵ月の時の顕著な例を挙げておこう。物語の一部分は依然，主として例外性よりむしろ，規範性に関わっていることに注目してほしい。しかし，その規範性は，やはりいくぶんトラブルめいた事象に課せられていることにも留意してほしい。Emily は保育園にいるとはいえ，両親に置いていかれた状態である。

あした，私たちがベッドから起きたら，はじめに私で，そしてパパで，そしてママで，あなた，朝ごはんを食べて，朝ごはんを食べて，**いつも** やってるように，そしてそれから。私たちは，あ，そ，ぶ，の。そしてそれからすぐにパパが来るので，Carl が来て，そしてそれからちょっとあそぶの。そしてそれから，Carl と Emily はふたりともだれかといっしょに車のところに行って，そして／私たちは保育園まで乗っていくの／［ささやいている］，そしてそれからそこに**着いたら**，私たち**みんな**車か

第3章　意味への参入

> ら降りて，そして保育園の**なかに**はいるの，そしてパパが私たちにキスをして，それから行くの，そしてそれから言うの，そしてそれからパパはバ**イバイ**って言うの，それからパパはおしごとにでかけるの，そして私たちは**保育園**であそぶの。それっておかしくない？

そしてそれから，ただちに彼女は難題解決のジャンルへ転じていく。

> なぜって時どき，私は**保育園**に行くの，なぜって保育園のある日だからよ。時どき私は Tanta と一週間じゅういっしょにいるの。そして時どき私たちはパパとママとあそぶの。でも，たいてい，時どき，私は，うーんと，ああん，保育園に行くの。

　このように，Emily は 3 歳までに，自分の経験を物語化するための努力に役立つ形で時系列性，規範性，そして見通し性を用いることをマスターするようになる。ジャンルは，人間の相互作用から生まれる彼女の経験を，実生活上のことらしく，ストーリーらしく体制化するのに役立っている。彼女の物語環境は，それなりに，ボルチモアの黒人スラム街の子どもたちの環境と同じくらい特有のものである。彼女の場合，独り言以前の両親とのやり取りから，われわれが知ることは，「物事をちゃんとすること」，「理由」を言えること，そして自分ができる選択を理解することに極度なストレスがかかっていたことである。彼女の両親は結局アカデミックなのである。さらに言えば，

Dunnのケンブリッジの子どもたちに似て，Emilyもまた，レトリック的に話したり，考えたりすることを学び，自分の立場を表現するにあたって，発話をより説得力のあるように組み立てることを学んでいるのである。

やがて，われわれが見てきたように，彼女は自らの物語に別のジャンル，すなわち問題解決のジャンルをもちこむようになる。このジャンルとして取り入れたものは，即座に彼女の物語の中で一つの**オブリガート**のようになる。この音楽用語を私は考えるところがあって使っている。**オブリガート**は，オックスフォード辞典が定義しているように，「欠くことのできない……作曲の完成に必要不可欠なパート」である。それは談話の，物語的な様態とパラダイム的様態が融合しているというのではない。というのもそれらは融合しないからである。むしろ，論理的またはパラダイム的様態というものは，物語におけるほころびを釈明するためにもたらされたものである。釈明は「理由」という形をとる。こうした理由は，それらを過去の事象の経緯とよりよく区別するために，しばしば，特定の時を超えた現在形で述べられるのは興味深いことである。しかし，理由がこのように使われる際には，それらが論理的であるばかりでなく，実生活上のことらしく思われるようにしなければならない。というのも物語としての要請がそれでもなお支配的だからである。これこそ，立証可能性と迫真性が同時に生ずると考えられる決定的な交差点なのである。結集が成功するのは，レトリックがうまくいくということである。われわれが言語獲得を理解

する上で，次の飛躍的前進がなされるのは，おそらく，このいまだ暗やみの中にある問題が発達研究の光に照らされる時であろう。

VII 生活の物語化

　私が提言してきた見解は解釈論者としての見解である。つまり私は，人間科学を実践する人たちの活動および，その人たちが研究対象とする人間の活動についての見解において解釈論者なのである。このとる立場では，文化共同体をつくっているものは，人びとがどのようであるのか，世界はどのようであるのか，あるいは物事はどのように価値づけられるべきかについて，人びとが共有している信念だけ**ではない**とする。確かに文化の達成を保証するには何らかのコンセンサスがなければならない。しかし，それと同様に重要なことは，現実についての異なる解釈――これはどのような社会においてもかならず起こるものであるが――に裁定を下す解釈手続が存在することである。連帯感は，ストーリーの状況とその登場人物のもつ文化的蓄積によって創りあげられるという Michelle Rosaldo の考えは確かに正しいのである。しかし，私はそれで充分だとは思えない。それではこの点について説明してみよう。

　人間は怨恨や内紛や連立や移ろいやすい同盟関係に伴う利害の対立に永遠に苦しめられるであろう。しかし，このような手

に余る現象に関して興味深いのは，それらがいかにわれわれをばらばらにするかではなくて，それにもましていかに多くの場合，それらが中和され，あるいは許容されたり，また弁明されるかということである。霊長類学者の Frans de Waal は次のように警告する。動物行動学者たちが，高等動物の平和維持のために使う無数の手段を過小評価（そして過小観測）する一方，霊長類（人間を含む）の攻撃性を誇張しすぎる傾向がある。人類は，驚くべき物語才能を持っており，平和維持の主要な形態の一つは，生活という日常性の中で，葛藤の脅威をもたらす裂け目をとりまく情勢の緩和を提示したり，劇的に表現したり，そして解説する人間の才能によっているのである。そのような物語の目的は，和解させることでもなく，合法化することでもなく，弁解することでさえなく，むしろ解説することにある。そして，そのような物語の日常的な語りとして提示される解説は，描かれた主人公に対して常に寛容であるとは限らない。というより，多くの場合もっともうまくいくのは語り手の方なのである。しかし，どうであれ，物語化することは，われわれが生活の基本的な状態として受けとめている日常性を背景に，その出来事を理解可能なものにすることである。たとえ，理解されてきたことが，結果としてもう魅力的ではないとしてもである。発展し得る文化の中に生きるということは，一連の関連するストーリーに束縛されることである。たとえそれらのストーリーが合意を示すものでないとしても，関連しているのである。

　一つの文化に（あるいは家族のような小文化の範囲内でさえも）

挫折が起きた時，そのもとを調べていくといくつかのことがらのうちの一つにさかのぼることができるのが普通である。まず第一は，生活における通常性や規範性を構成しているものと，例外性や逸脱性を構成するものについて意見の極度の不一致がある。これについては，今日のわれわれの世代において世代葛藤によって激化したいわゆる「ライフスタイル闘争」に，その例をみることができる。二つ目として，物語をレトリックとして極度に特殊化しすぎることに内在するおそれがある。そこではストーリーが，あまりにもイデオロギー的に，あるいはあまりにも利己本位的に動機づけられることになるので，不信のほうが解釈にとって代わり，そこでは「起こったこと」が作り事として却下されることとなる。大規模に，これは全体主義の体制下で起こることであり，中央ヨーロッパの現代作家，Milan Kundera や Danilo Kis 他多くが，これを強烈な痛みをもって記録してきている。同じ現象は，現代の官僚主義となって表れており，そこでは，起こりつつあることについての公的なストーリー以外は，すべて沈黙させられるか拒否される。そして最後に，物語の資源となるものがまったく枯渇していることから起こる挫折がある。都市のスラム街の恒久的な下層クラスにおいて，パレスチナ難民区の第二，第三世代において，またサハラ以南の半恒久的に干ばつにみまわれ，飢えが蔓延している村においてみられるものである。これは経験にストーリーの形式を課することがまったく奪われているということではなく，「最悪のシナリオ」しかもたないストーリーが，もはや多様性

を望めないような日常生活を支配するにいたることなのである。

このことが，本章の大部分で扱ってきた子どもの早期段階での物語化の詳細な分析という本題から，あまりはずれていなければ幸いである。私が明らかにしておきたかったのは，物語という表現形式で経験を表すわれわれの能力が，ただの子どもの遊びではなく，文化の中で営まれるわれわれの生活の大部分を支配する意味を形成する手段としてあるということである。その範囲は，寝る前の独り言から，法制度下での慎重に考慮した証言にまでわたる。結局，Ronald Dworkin が，法律の解釈過程を文学的解釈過程にたとえるのも，そして法学研究者の多くがこの見解で彼に同意するのも，さほど驚くにはあたらないことになるのである。われわれの規準的なものについてのセンスは，物語において育まれるが，違反や例外性についてのセンスもまたそうである。ストーリーは，「現実」そのものを和らいだ現実にする。思うに，自然的にも，環境によっても，その精神の中に物語的キャリアをまさしく出発させる素因が，子どもたちにはあらかじめ備わっているのである。そして，彼らがそのような能力を完全なものにするためのモデルと，手続き上の道具一式を，われわれは備えているのである。われわれは，そうした能力なしには社会生活が生みだす葛藤と矛盾をしのぐことは決してできないだろう。また，われわれは文化という生活を生きるのに値しないであろう。

第4章
自伝と自己

I 「自己」をめぐる見解

　私は，この最後の章で，「文化心理学」と呼んできたものについて説明するつもりである。心理学の古典的中心概念に，文化心理学の考え方を適用することによって説明しようと思っている。そのために選んだ概念は，「自己」(the Self) である。この概念はわれわれの概念語彙の中でどれにもまして中心的で，古典的で，しかも扱いにくいものである。文化心理学は，この困難な論題にいかなる光を投げかけるのであろうか。

　人間の「直接的」経験の**特質**として，自己という概念は，格別に曲解されてきた歴史をもっている。自己という概念が招いた理論的なもめごとのいくつかは，「本質主義」に起因すると考えられるのではないかと思う。本質主義は，自己という概念

の解明の追究を,しばしばとりあげ,自己はまるでわれわれがそれを記述しようと努力する以前から存在する実体または本質であるかのように,そして人のなすべきことは,自己の性質発見のために自己を念入りに調べることだけにあるかのようにとらえていた。しかし,自己について念入りに調べると考えることこそそれ自身多くの根拠で疑わしいのである。E. B. Titchener のお気に入りの知的後継者である Edwin G. Boring に,内観だけに頼る試みを最終的に断念させたのは——彼がわれわれ大学院生に教えたように——,内観はせいぜい「早期の追想」であり,他の種類の記憶と同種の選択と構成がほどこされているということにほかならないのである。内観は,記憶と同じように「トップダウンの」シェマ化を受けているのである。

そこで,直接観察可能な自己の観念の代わりとして登場したのは,概念自己という考え方である。概念自己とは,内省によって創りだされ,他の概念について構成するのと同じように構成された概念としての自己である。しかし,「自己実在論」はすたれずに残っている。というのは,今ではその問題は,このように構成された自己という**概念**が真の概念であるのか,それは「実在」または本質的な自己を反映しているのかということになってきたからである。もちろん,精神分析家は本質主義の罪人の筆頭であった。というのは,自我,超自我,イドよりなる地形図は**実在の**ものであり,精神分析の方法は自己をむき出しにする電子顕微鏡であるとしたからである。

「概念自己」についての存在論的問いは,以下にあげる一連

のより興味深い問題によってすぐにとって代わられた。どのような過程によって,そしてどのような種類の経験に即して,人間は自己という自分自身についての概念を定式化するのであろうか。そして,どのような種類の自己を人間は定式化するのであろうか。「自己」というものは（William James がほのめかしたように），家族,友人,所有物等をも組み入れた「拡張化した」自己を含んでいるのであろうか。または, Hazel Markus と Paula Nurius が示唆したように,われわれというのは,複数の可能的自己よりなる一つのコロニーであって,それは,自分が恐れているものや期待したりしているものを含み,今の自己を占有しているすべてのものの寄り集まりなのであろうか。

知的風土の中に,より一般化した何かがあって,それが自己についてのわれわれの見解において実在論を終焉させるにいたったのではないかと私は思う。この半世紀の間に,現代物理学における反実在論,現代哲学における懐疑論的遠近法主義,社会科学における構成主義,知の歴史における「パラダイムの転換」の提起など,よく似たものが高まるのを目の当たりにしたのである。形而上学が徐々にすたれていくに従って,認識論は,いわば形而上学の永遠の複製となったのである。つまり,存在論的観念は,知ることの本質にかかわる問題に転換されうる限り,好ましいものとなった。結局本質自己は,概念自己にほとんど一矢も報いないまま道をゆずってしまったのである。

存在論的実在論の束縛からぬけ出して,自己の本質についての新しい一連の関心が現れ始めた。それはむしろより「対人交

渉的」な関心である。自己とは，一人の話者とある一人の他者，それもある一人の一般化された他者との間の対人交渉的な関係ではないのだろうか。自己は，その人の意識，地位，同一性，他人に関する関与のしかたを枠付ける様式ではないのであろうか。このように考えると，自己は心の中の目的に応じて作られると同様に，話し相手に応じても作られる「対話次第（dialogue dependent）」なものである。しかし，文化心理学へのこれらの努力も，心理学一般に対してはごく限られた効果しか持たなかったのである。

　これらの将来期待しうる路線に沿って心理学が着実に発展し続けるのを何が妨げたのかというと，心理学が頑強に反哲学の立場をとってきたことであると私は考えている。その立場が，人間科学における心理学の隣接領域の思想の流れから，心理学を隔離し続けてきたのである。心理学の中にいるわれわれは，「心」や「自己」のような中心的観念を定義するにあたって，隣接領域と共通の根拠を発見することよりも，むしろ自分たち「自身の」概念を「定義する」ための標準的探査パラダイムに頼る方をとったのである。われわれはこれらの探査パラダイムが，自分たちの研究している概念を定義する操作であるとみなしているのである——テスト法や実験手続などのように。やがて，これらの方法はいわば専有物となり，当該の現象を厳格に規定することになる。たとえば，「知能は知能検査で測定したもので**ある**」というように。すると，自己についての研究では，「それ（自己）」は，自己概念の検査によって測られたものなら

何でもそれでありえるということになる。検査産業が花盛りであるが，それはそれぞれ独自の検査によって狭く定義された一連の自己概念のまわりにうちたてられたものである。最近出版された二巻組みのハンドブックでも，本質的な問題よりも方法論的複雑さに多くのページを当てている。各検査は，それぞれ自身の分断されたリサーチモジュールを創りだすこととなり，それぞれが，自己というある広い観念についての個々の一つの「局面」と見なされ，自己そのものは明示されないまま残されている。

　その研究のもっともよいものでさえ，それ自身の検査パラダイムのくびきに繋がれていることによって苦しんできているのである。たとえば，「要求水準」の研究の中に具体化されている自己の局面について取り上げてみよう。この研究は，前の試行の成功もしくは失敗の後に，それと同種の次の課題をどの程度うまくやりたいと思うか，その目標の予測を被験者に問うことによって測られるものである。Kurt Lewin によって最初に定式化されたものであるが，その観念は，少なくとも理論的には彼の思想体系の中に位置づけられていた。それは多くの研究を生み，そのいくつかはきわめて興味深いものであった。要求水準の研究が枯渇していったのは，それが単なる実験室パラダイムの中だけで扱われるようになっていったからではないかと思う。その研究が，手続き的にきわめて「硬直した」ものになってしまったので，たとえば，「自尊心」というような一般的な理論にまで広げられなかった。そして，いちじるしく孤立し

第4章　自伝と自己

てしまったために，自己に関するより一般的な理論の中にとり入れられなかったのも確かである。その上，要求水準の研究は，他の人間科学で起こりつつあったより広い概念的発展——反実証主義，対人交渉主義，そして文脈の強調——に対して，多くの関心を持たないまま成長したのであった。

　それが今では変化してきている——または，少なくとも，変化の過程のさなかにある。この変化を評価するのには，心理学での他の萌芽的な概念（表面上は，自己の概念とはまったく離れているように見える概念であるが）の，同じような変化を追跡してみるのが，役立つのではないかと私は考えている。これによって，より広い知的共同体の中で議論を展開させることが，われわれの標準的実験パラダイムの航行している狭い水路にまで，結果的にはどのような作用をもたらすのかが分かるかもしれない。典型的な事例として，「学習」という概念の最近の歴史について取り上げよう。そして，「学習」という概念が「知識獲得」の研究として再定義されるに従って，より広い文化という観念の中に結果的にどのように吸収されることになったのかということを明らかにしよう。その概念は，自己というわれわれのトピックに対して，わずかだが魅力に富んだ類似点（あるいはそれらは複製であろうか）を含んでいるのである。

　「動物の学習」から始めるべきである。というのは，これはパラダイムの闘技場であったからである。そこでは，少なくとも半世紀の間，学習理論についての主要な闘争上の問題が戦いぬかれたからである。その空間では，対立しあう理論が，学習

過程についての各自のモデルを，学習研究のための各自のパラダイム手続の上に打ち立てた。それは，特定の種を研究の対象にすることによって生ずる特殊化した必要性にかなう手続を工夫するまでにいたった。たとえば，Clark Hull とその門下生は，お気に入りの装置として多重式T型迷路を選んだ。この迷路は，ネズミにとっても，最終ゴールでの強化による誤りの減少についての累積的効果の測定にとっても，よく適した装置であった。実際のところ，Hull 派の理論は，この探査パラダイムによって生み出される結果に適合するように計画されていた。「エール派学習理論」は，きわめて厳格な行動主義であるにもかかわらず，誤りは迷路の終わりに（そこには報酬がある）近ければ近いほど，学習中により早く消失するのはなぜかを説明するために，目的論の機械主義的見せかけを作り出すことさえしなくてはならなかったのである。人は自分のパラダイムに甘んじているのだ！ Edward Tolman は，その取り組み方がより認知的であり，「目的論者的」であったが，彼もまたネズミと迷路を用いた（ほとんど Hull の土俵で相撲をとったようなものではある）。しかし，彼とその門下生たちは，エールで Hull が好んだ閉鎖式路地迷路よりも，むしろ豊かな視覚的環境の中に置かれた開放式露出迷路を愛用した。カリフォルニアの人たちは，自分たちの実験動物が，より広い範囲の手がかり，特に迷路の外の空間的手がかりを入手できることを望んでいたのであった。Tolman の理論は，驚くに足りぬが，最終的には学習というものを地図，可能な「手段—目的関係」の世界を表象する

地図，すなわち「認知地図」を構成するとたとえるにいたった。Hull の理論は，刺激に対する反応を「強める」際の強化の累積的効果を扱う理論として終わった。その時代の言い回しでは，Tolman の理論は「地図部屋」理論，Hull の理論は「配電盤」理論であった。

　今や，明らかなことだが，**何か**を研究すれば，それはその観察や測定の手続を反映した**結果**を生み出すことになるであろう。科学は，まさにその方法に合致させた現実を発明するのが常である。われわれは，「観察」によって自分たちの理論を「確かめる」時，その理論がいかにももっともだと思わせるのに有利な手続を工夫する。われわれの理論に異議を唱えようとする人なら誰でも，例外や「反証」を提示するために，われわれの用いた手続に変形をほどこした方法を用いて，われわれの理論を侵害することができる。そしてそれが，学習理論の戦いを繰り広げた方法であった。そこで，たとえば，I. Krechevsky は，T型迷路の中のネズミが，自己生成的にみえる多種の「仮説」（右に曲るのか左に曲るのかの仮説も含む）によって動かされているという証拠を示すことによって，エール派行動主義がまったく間違っていること，そして，強化はその時に有効な仮説にもとづいて引き起こされた反応に対して**のみ**作用する——これは，強化とは実際「仮説の確認」にすぎぬことを意味している——ということも明らかにできた。しかし，反応強化の理論と仮説確認の理論の違いが，決してささいなものではないとしても，このような内部抗争から根本的な転換がもたらされることはま

ずないのである。確かに，振り返ってみて，「仮説対偶発強化」の戦いは，認知革命の先駆者のようにさえみえるかもしれない。しかし，論争の**典型的な場**が，ネズミの迷路が開放型か閉鎖型かということである限り，それは成果にいたらぬ前兆にとどまっただけであった。

　結局，「学習理論」は消滅した。あるいはたぶんもう少しうまく表現すると，「学習理論」は主に技術上の痕跡を残しただけで衰えてしまった。倦怠がいつもの健全な役割を演じた。つまり，論戦があまりにも特殊化してしまったため，一般的にさほど興味のないことになってしまったのである。しかし，二つの歴史的な動きがすでに進行しており，それは，10年または20年間のうちに，「古典的」学習理論を研究の中心から追いやることになるであろう。一つの動きは認知革命であり，もう一方は対人交渉主義であった。認知革命は，学習の概念を「知識獲得」というより広い概念に吸収させただけであった。パーソナリティ理論を学習理論の用語に置き換える試みによって，学習理論の基礎を広げようとする努力でさえ中止させられてしまった——この問題はあとでまたふれたい。その革命以前では，パーソナリティ理論は，動機づけ，感情，そしてそれらの変形体——学習理論の範囲内のようにみえること——だけに集中していた。確かに，1940年代には，このような「学習理論への置き換えがほとんど誰にでも簡単に手がけられる仕事となった」一時期があった。しかし，認知革命の出現によって，パーソナリティ理論における強調点も，より認知的な問題——たとえば，

第4章　自伝と自己　*147*

人は自分たちの世界と自分自身を理解するために、どのような種類の「個人的構成概念」を使うのかというような問題——へと移ってしまったのである。[12]

しかし、私が先に言及した第二の歴史的動きは、まだ心理学にまでは広がってきてはいなかった。その動きとは、社会学や人類学において「エスノメソドロジー」のような学説としてその姿を表してきている新しい対人交渉的文脈主義や、第2章で論じたその他の発展である。この動きは、人間の行為は内部から外へという形式では——つまり、精神内部の素質、性格特性、学習能力、動機等によってのみでは——充分かつ、適切に説明はできないという見解であった。行為は、それを説明するにあたっては行為を **状況の中に位置づける** こと、つまり行為を文化的世界とつながるものとして考えることを求めている。人が構成している現実は、**社会的** 現実であり、それは他者と折衝し、他者との間に分散されている現実であった。われわれが生きる社会的世界は、いわば、「頭の中」にあるものでもなければ、実証主義が主張する「そこという外」に存在しているものでもなかった。そして、心も自己もその社会的世界の部分であった。もし認知革命が1956年に勃発したとするなら、文脈主義的革命（少なくとも心理学においての）は、今日起こりつつあるのである。

最初に、文脈主義が知識についての観念にどのように影響を及ぼしているのか、また、われわれが知識をどのように獲得するのかを考えてみよう。Roy Pea, David Perkins や他の人た

ちが今では言っているように,「個人の」知識はその人の頭の中に**だけ**,「個人ひとり」の中にだけあるのではない。それは,すぐ手にするノートに記した覚え書の中に,書架にあって章句にアンダーラインをつけた本の中に,利用法を熟知しているハンドブックの中に,コンピュータから引き出せる情報源の中に,問い合わせや「助言」を求めて呼び出すことができる友人の中に,等々その他ほとんど無際限にさまざまなところにある。Perkins が指摘しているように,これらはすべて,それぞれがその要素となっている知識の流れの各部分である。そしてその流れは,われわれが自分のしていることを正当化したり,説明するために使う高度に様式化した形式のレトリックをも含むことさえある。各形式は,使用の機会に適応させられ,使用の機会によって「枠組みがかためられ」ていくのである。この意味では,何かの知識を得るようになるということは,Pea-Perkins の言い方を用いると,**状況の中に位置づけられ**(*situated*),**分散される**(*distributed*)ということである。[13] この知識と認識することの situated-distributed な性質を見落すと,知識のもつ文化的性質だけではなく,同時に知識の獲得に関わる文化的性質も見失うことになるのである。

　Ann Brown と Joseph Campione は,この分散の説明に別の次元を加えている。彼らは,学校はそれ自身が「学習と思考の共同体」であると指摘する。そこには,子どもがいかに,何を,どれだけ,どのような形式で「学習する」のかを決める手続,モデル,フィードバックのチャンネル等が存在している。

学習するという言葉は，引用符をつけるに値する。なぜならば，学習している子どもがしていることは，彼または彼女がしていることを支え，形づくっている一種の文化的構造の中に自分たちが参加することであり，もしそれがなければ，いわば，とうてい学習ということは**あり得ない**ということになるからである。David Perkins がその論文の最後で取り上げているように，たぶん「実際の人というものは，……単一で永続的な核としてではなく，そこにあずかっていることの総和であり，その群れである［として］考えられるほうがよいだろう[14]」。1930年代の「学習理論」は，一挙に新しい分散論的展望の中に置かれるのである[15]。

　まもなく，自己についての心理学的探究のまわりに，上げ潮がおおってきたのである[16]。自己は，永続的で，主観的な核とみなされるべきであろうか，それとも，「分散されている」と考えられる方がさらにもっと良いのだろうか。実際，自己が「分散されたもの」とする概念は，心理学の**外側では**目新しいものではなかった。それは歴史学的分野や人類学的分野では，長い伝統を持っていた。つまり，解釈的歴史学がもつ古くからの伝統と人類学における解釈主義のもつ伝統と，そしてそれらよりも新しいが成長してきている伝統においてである。もちろん，私は，Karl Joachim Weintraub の個性の歴史的研究 "*The Value of the Individual*"や，E. R. Dodd の古典的研究 "*The Greeks and the Irrational*"，より最近のものでは，Michelle Rosaldo のイロンゴト族の「自己」についての人類学的研究等

や，Fred Myers によるピンチュピ族の「自己」についての研究を心に留めている。そして，「黙読」の導入が，自己についての西洋的概念を変化させなかったのだろうかという Brian Stock の問いのような，より特殊な歴史的問題を検討するしごとや，個人的生活史についてのフランス**年代史**学派のしごとについて言及すべきである。西洋的自己の出現を理解するにあたって，西洋世界での「プライバシーの歴史」も，一つの研究課題になると考えられないだろうかという深い問いかけを提出した後者の記念碑的な研究については，後程ふれることになるであろう。[17] これら著作のすべてが共通してもっているのは，自己を現前の個人的意識の要塞の中にだけではなく，文化的歴史的状態の中に**位置づけること**を目ざそうとするねらい（とその長所）である。また，すでに指摘したように，同時代の社会哲学者たちが，このことについてはるかに遅れているというわけではない。というのも，彼らは，社会科学を実証的検証主義によってとらえること——つまり，「客観的」で独立した現実が存在していて，それのもつ真理は適切な方法によって発見されうるという意見——を以前は受け入れていたが，そのことに一たび疑いを持ち始めるやいなや，自己もまた，いわば，内から外へだけでなく，外から内へ，つまり，心から文化へだけでなく，文化から心へと向かう構成体として扱うべきであるということが明らかになってきたからである。

　実証主義的心理学者たちのかたくななセンスによる「検証可能性」へのこだわりがなかったならば，少なくともこれらの率

第4章　自伝と自己　*151*

直な解釈的人類学的かつ歴史的研究は，それの持つもっともらしさのゆえに，くわしくとりあげられ得たはずであった。Lee Cronbach のような，心理学の方法論的純粋さの厳格な監視者でさえ，次のようなことをわれわれに喚起させている。「妥当性は客観的であるよりもむしろ主観的である。つまり，結論の持つもっともらしさが重要である。そして月並な言い方をすると，もっともらしさというのは，それを見ている人の耳にその説明がどうひびくかによってきまる」と。[18] 要するに，妥当性とは解釈的概念であって，調査計画上の一つの実行操作ではないのである。

この新しい襲撃が，自己についての現代主流派の概念の中にその道をどのように見出してきたのかについて，短くスケッチしておこう。ここでは，ふさわしい完全な形で，それについて論じることはできないであろうが，しかし，その襲撃が文化心理学によって意味されているものの中に，なぜ一つの新しい展開を画すことになるのか（少なくとも私の見地では），その理由を示すだけならば充分なことを言うことはできる。文化心理学については，この章の後半で，さらに例証できたらよいと思っている。

新しい見解はもっともらしい客観主義への抗議として，社会心理学とパーソナリティ研究の双方において最初にほとばしり出た。Kenneth Gergen は，社会心理学が心理学的現象について解釈主義的，構成主義的，そして「分散的」見解をとっていれば，どのように変わっていたかということにもっとも早く気

づいた社会心理学者の中の一人であった。彼の最初のしごとのあるものは，特に自己の構成ということに向けられていた。彼は20年前のこのしごとにおいて，人の自尊心や自己概念というものが，自分の周囲にいる人の種類にまともに反応してどう変化するのか，そしてさらにそれにもまして，他者が自分に対して下す肯定または否定の批評に呼応してどう変化するのかを明らかにすることにとりかかっていた。人はある集団において特定の公共の役割を果たすことを求められたにすぎないとしても，自分の自己イメージは，その役割に一致するように変化することがしばしばあった。確かに，自分よりも年上であったり，力があるように見えるような他者がいるところでは，自分よりも若いとか，評価の低い人がいる場合に比べて，まったくちがって，卑小化した形で「自己」についての報告をすることであろう。そして，うぬぼれの強い人との交流では，人は自分自身をあるしかたで見るようになり，控え目な人との交流では，また別のしかたで自分自身を見るようになることであろう。[19] したがって，分散的な意味では，自己とは，それが働いている状況の産物である。また，Perkins が言うように，自己とは「それのかかわっているものの群れ」と見なしうるのである。

さらに，Gergen は，これらの「結果」は，それが得られた歴史的な機会を超えて，一般化することは決してできないと主張した。「これらの発見のどれも，歴史を超越して確かであるとはみなしてはならない。所与の歴史的文脈の中で，研究者はどの概念的移行が改変を受けやすいかという知識をもっており，

各発見はその知識によっているところが大きいのであった」[20]。しかしながら，彼は付け加えているのであるが，これらのような発見を解釈する際に，それでもなお考慮に入れなくてはならない二つの一般的性質が**ある**。どちらの普遍的特性も，人が文化や過去を志向するしかたと関係する。最初の普遍的特性は，人間の**反省性**，つまり，過去をふり返り，過去に照らして現在を変えるか，または現在に照らして過去を変える能力をわれわれが持っていることである。過去も現在もこの反省性の前には，固定したままではいられないのである。自分たちが過去に遭遇したものを収納している「莫大な貯蔵庫」は，それらをわれわれが反省的に回顧する時，さまざまなしかたでその特徴が際立たせられたり，再概念化によって変化させられるかもしれない[21]。第二の普遍的特性は，**とって代わり得る選択肢を予見する**——他のしかたで存在することや，ふるまうこと，努力することを思いつく——「まばゆいばかりの」知的能力である。そしてある意味で，われわれは「歴史の創造物」であるというのは事実であろうが，別の意味では，われわれはまた自らを律する行動主体でもある。したがって，自己は人間性の他の側面と同じように，恒存性の守護者として存在するとともに，その場所の文化的風潮に反応するバロメーターとしても存在するのである。同様に，文化も，われわれが安定と変化の間の適所を見出すための指針と方略をもたらす。つまり，文化は，自己がしようとしている関与を勧めたり，禁止したり，誘ったり，拒んだり，関与に報いたりするのである。そして，自己は，反省する能力と

選択肢を予見する能力を使って,文化が提供しているものを回避するか,採用するか,再評価するかのどれかによって再定式化するのである。そのため,自己の性質と起源を理解しようとする努力はどれも,歴史家や人類学者が「時代」や「民族」を理解しようとする時に使う努力と類似した解釈的努力である。そしてきわめて皮肉なことに,公式化されたある歴史学や人類学がその文化の中でいったん発布され,公の領域に入ってしまうと,まさにその事実が,自己構成の過程を変えることになるのである。Gergen の最初の論評は,彼の社会心理学者仲間たちの注意を引いたが,その題名は "Social Psychology as History" であったのも驚くことではない。[22]

第2章で論じた,社会学と人類学の頭に「民族 (ethno-)」をつける計画をもっていた Garfinkel や Schutz やその他の学者と同じように,Gergen は,われわれが社会的現実を構成したり,それと折衝するのを支配する「ルール」に最初は興味をもっていた。自我または自己というものは,その関与のしかたを司る意志決定者,戦略家,そして勝負師の混合体として考えられるが,その関与は,Erving Goffman の言い回しを使うと,自己を他者にどのように示すかという関与までも含んでいる。これは自己について非常に計算しつくした知的な見解であり,初期の認知革命の合理主義をいくぶん反映しているように思われる。[23] 自己を論理的ルールに支配された認識の主体としてのみ見るのとは別の角度から,自己を研究しようとしていた社会科学者たちに解放をもたらしたのは,検証主義的認識論に対する

第4章 自伝と自己

反乱の蜂起であったのかもしれなかった。しかし,それはわれわれを話の次の部分へと導く。

1970年代の終わりから1980年代の初頭までに,ストーリーテラーとしての自己——ストーリーの部分としての自己の描写を含むようなストーリーを語る自己——という観念が登場してきた。文学論や物語の認知に関する新しい理論が,その変化を引き起こしたのではないかと私は思う。しかし,ここは人間科学におけるこの興味深い推移を検討する場ではない[24]。いずれにしても,物語が舞台の中心となるのには長くはかからなかったのである。

Donald Spence(ほどなく触れるつもりの Roy Schafer に加えて)は,確かにその舞台に登った最初の人間の一人であった[25]。精神分析の領域で,Spence は,分析中の患者は記憶から過去を**復元する**のか,反対に,分析が新しい物語の**創造**を可能にするのかという問いを論じた。前者は,考古学者が埋蔵された文明の人工遺物を発掘するようなものであり,後者は,それが単に隠蔽記憶や虚構でしかないとしても,なおかつそれは再構成過程の進行を出発させるに足る事実に近いものである。彼の論に従うと,そこで問題とされている「真理」とは,歴史的真理ではなく,**物語的**真理と彼がよぶことにしたものなのである。そのような物語的真理は,たとえ隠蔽記憶や虚構であるかもしれないとしても,それが患者の「真の」ストーリーによく一致しており,**その**コードの中に患者のもつ**真の**トラブルをともかく捕らえうるのならば成功なのである[26]。

そこで，Spenceにとって，自我（または自己）はストーリーテラー，つまり生活についての物語の構成者としての役割が授けられる。分析者の仕事は，患者がこの物語，つまり，その中心に自己がある物語を構成するのを手伝うことである。この説明には一つの未解決の難題が存在している。というのは，Spenceに従うと，分析者も被分析者も「真の」トラブルが何であるのかを知ることができないからである。彼の見解では，真のトラブルは，「そこ」にあるが，「はっきりと言い表せない」ものである。「解釈は，定義上ははっきりと言い表せない何かに役に立つ解説を，用意すると言えるかもしれない」[27]。Spenceの本は，実証主義の名残をとどめるにもかかわらず（または，たぶんそのために），精神分析学の世界の外部ばかりではなく，内部でも広く注目を得たのであった。精神分析と「自我機能」の主要な仕事は，患者の現在の境遇にぴったりであるが，それが「記憶にとって考古学的に真か」否かは決して問題にしていない生活ストーリーの構成を意味すると広く解釈されていた。David Polonoffは二，三年後にその論争をまとめて，「生活の自己」とは，その語の指示対象として固定されているが隠されたある「物」ではなく，むしろ，われわれの物語の産物であるという主張を確立しようと試みた。自己を物語る目的は，ある隠された「事実」にそれが合致することではなく，「外界と内界の**調和，生き甲斐感，適合性**」を達成することであった。自己欺瞞とは，それの達成に失敗することであって，特定できない「事実」への一致に失敗したのではなかった[28]。

Roy Schafer は，Spence よりも徹底した立場をとっていた。というのは，彼は，いわば構成された生活自己の実体や内容のみならず，構成の様式にも関心をもったからであった。たとえば，次のように彼は述べている。

> われわれは，絶えず自分自身についてのストーリーを語っている。**他者**にこれらの自己のストーリーを語る時，目的のほとんどは，物語行為そのものを遂行することにあると言われるかもしれない。しかしながら，われわれは，その物語を**自分自身**にも語っていると言う時，一つのストーリーを今一つのストーリーの中に包みこんでいるのである。これは自分があることを他者に話しており，その聴衆としての他者が実は自分自身または自分の自己であるという物語である。われわれが自分自身について他者に語るストーリーが，自分の別の自己に関係している時，たとえばわれわれが「私は自制心がない」と言う時，われわれはもう一度一つのストーリーを別のストーリーの中に包み込んでいるのである。この見解では，自己とは一つの語り（telling）である。時により，そして人により，この語りは変化するのである。この語りの統一の程度や，安定の度合，そしてそれが告げられる立会人にとって信頼でき，妥当であるとして受け入れられる度合によって変わるのである。[29]

さらに彼は続けて，**他者**もまた物語的に演出され，われわれが他の人に語った自分自身についての物語は，結局「二重に物語的」であると述べる。「個人発達における一つのプロジェクトでは，個人分析における主要な質問を，自分の生活や重要な他

者の生活の話に向けるように変えていく」。これにより，分析者と被分析者への挑戦が生まれる。つまり，「あなたが自分の現在の困難の原因と意味と重要性を理解できるようなしかたで，そして変化を想像し，それを達成できるようなしかたで，私たちは話をどのように語り直すことができるか，やってみようではないか」との挑戦となる。そして，その過程において，分析者と被分析者は，**内容**だけではなく，物語の**形式**（Schafer はそれを「行為」と呼んでいる）にも力を集中する。そこでは，**語ること**それ自体は，いわば，「透明な媒体」として扱われるよりもむしろ，描写される対象として扱われている。物語の不透明性，状況性，様式性は，いずれにしても，その内容とは切り離せないか，その内容と同じくらい重要であるとみなされる。そこで，被分析者の自己は，物語の作り手だけではなく，独特のスタイルをもった作り手となるのである。この事情のもとで，分析者は，ますます重要な編集者か一時的な筆記者の役割を果たすことになるように見える。いずれにせよ，分析者は構成の過程において，共謀者となるのである。そして，このように分散された自己が洗練されてゆく過程が始まるのである。

ほとんど同じ精神において，誰もが関心をもち，信頼しているより広範囲の人びともまた，われわれの物語とわれわれの自己構成の共謀者ではないのかと心理学者が問い始めた。そのノート類や索引を引くことが分散された知識の一部となるように，共謀の仲間も「分散された自己」のようなものではないのだろうか。そして，それによって知識が文化のネットの中に捕らえ

られるように，自己も他者たちのネットの中にからみこまれてゆくのである。「社会構成主義者」と「解釈的社会科学者」の間で勢いを得てきているのが，自己に関するこの分散的形姿なのである。[31]

「物語への転換（narrative turn）」は驚くべき効果を持っていた。これは，いわゆる西洋的概念である利己心の普遍性について，すでに強く否認してきた人たちに新しい力を与えることとなった。利己心の西洋的概念とは，「一つに限定され，ユニークで，多かれ少なかれ統合された動機的で認知的な世界，つまり，感知，情動，判断，行為の力動的中心である人は，独自の統一体として組織化されており，そして同じような統一体としての他者や社会的自然的背景とに対置されている」という見解である。[32] 方略をもった認識者としての自己は，理性の普遍性に訴えることによって，普遍性を一応は主張できるという見地であるが，ストーリーが語り始められる時には，普遍性はそんなに明白ではないのである。ストーリーは多数であり多様である。それに対して理性は強制力をもち，唯一の論理によって支配されている。

いったん物語的見解をとると，なぜ別のストーリーよりむしろそのストーリーなのかと問うことができる。そして，そのように問うとすぐに，あるグループが他のグループに対して政治的つまり権力的な統制を確立するために，自己についての「公式的」または「強制的」な概念を用いるのではないかという疑念に導かれることとなった。実際，西洋文化の中でさえ，勢い

よく活動的という男性の自己観は，女性の自己を劣っているとみなすことによって，女性を過小評価している。自伝的書物の評価がまったく男性的な規準を採用しているために，女性の自伝は過小視されてきたことについて，ここ数年，フェミニストの批評家たちが数多く書いている。[33]

確かに，世の中での自分の経験や，そこで自分自身が果たしている役割を人は物語化するという「新しい」認識によって，社会科学者たちは自分たちの研究の主要な道具——つまりインタビュー——をどう使うべきか再考することまで迫られているのである。大部分のインタビューにおいて，われわれが応答者に期待しているのは，自然な会話の物語としてではなく，むしろ形式的やり取りにおいて要求される範疇化した形式の質問に対する回答である，ということを社会学者の Eliot Mishler はわれわれに気づかせている。「あなたの結婚生活を始めた頃でもっとも苦しかった経験は何でしたか」という質問に対して，われわれが期待するのは，「経済上の不安に出くわしたこと」というような答である。応答者が突然ストーリーを話し出すと，インタビュアーとしてのわれわれが決まってすることは，応答者の話をさえぎるか，あるいはどちらにしても，そのストーリーをコード化はしない。そのストーリーは，われわれの様式化したカテゴリーには合わないのである。そこでは，われわれのインタビューから出てくる人間の自己は，われわれのインタビュー方法によって人工的に作り出されたものになる。Mishlerは，「期間どおりに自分の借金を払う」ことが，結婚生活初期

の自分の自尊心にとって何を意味するのかを一人の応答者が生き生きと語っている所のインタビューを使って，その点を提示している。彼は，「結婚生活の中でもっとも苦しかった経験」という質問に終始答えることなしに，本当の意味で答えたのである。[34]

たぶん，最近の研究状況は，Donald Polkinghorne によって"*Narrative Knowing and the Human Sciences.*"の中に，もっとも簡潔に示されている。自己について言えば，彼は次のように述べているのである。

> 自己概念に迫るために，人間研究の領域で使用されている道具は，一般的には，形式的科学が対象や物を位置づけたり，測定したりするために立案してきた伝統的な探索手段である。……われわれは，物語的形態の使用を通して，われわれ独自の同一性と自己概念を達成する。そしてそれを唯一の展開し発展するストーリーの表現として理解することによって，自分の存在を一つの統一体にする。われわれは，自分のストーリーのまっただ中におり，それがどう終わるのかを確かめることはできない。われわれは，新しい出来事が自分の生に加わるごとに，プロットをたえず改訂しなくてはならない。したがって，自己とは，静的な物でも実体でもなく，個人的なさまざまの出来事を一つの歴史的なまとまりの中に形作ったものである。その歴史的まとまりは，その人がそれまで何であったかということだけではなく，その人が将来何になるのかという期待をも含んでいる。[35]

II　自己研究の要件

　それでは，私が提起してきた種類の文化心理学はどうなのであろうか。**文化心理学**は，自己についての問題を提起するにあたってどのように取り組むというのであろうか。確かに，今くわしく述べてきたばかりの新しい発展は，それに適しているかもしれない。文化心理学は，密接に関係し合う二つの要件を自己の研究に対して課しているように私には見える。そのうちの一つは，自己の研究は，**意味**に焦点を当てるべきであるということである。意味の点から見ると，自己は個人**と**その人が参加している文化の**双方**によって定義されている。しかし，もしわれわれが，「自己」というものはどのように扱われているのかを理解しようとするならば，これだけでは充分ではない。というのは，自己は，単に観想的反省の結果として生み出されただけのものではないからである。そこで，第二の要件は，「自己の意味」がその中で達成され，使用される**実行行為**に関心を向けることである。結局，これらは，われわれに自己についてのより「分散的」見解をもたらすこととなるのである。

　これらの各々について考えてみよう。われわれはすでに**個々人**がどのように自分自身の自己を定義するのか考えてきた。私が最初にあげた要件の一部，利己心の**文化的**定義によって意味しているのは，同時代の他者たちが，いわば一般的自己および

特定の自己の作業的定義とみなしているもの（前に言及したGergen の興味深い研究におけるように）よりも多くのことである。というのは，歴史的次元もまた存在するからである。もしGergen の自己が，「外から内への自己」であるならば，歴史的な自己は，「過去から現在への自己」である。たとえば，われわれ自身の文化の中では，自己についての見方は，われわれの持っているユダヤ教とキリスト教の神学，そしてルネッサンスで現れた新ヒューマニズムによって形成され，強化されたものである。それらは，社会や経済や言語によっても形成されている。それらのすべては歴史的「現実」をもっており，その「現実」は修正を受けやすいが，それが行動主体としてのわれわれの実行行為を支える特設舞台を創造してきたのである。われわれの利己心という概念そのものは，その不可侵性を合法的に保証することによって，形作られているのである——それは，**人身保護条令**や合衆国憲法の第四次修正条項のように，プライバシーに対するわれわれの権利を入念に叙述している。文化心理学が，そのような問題を考慮に入れることに失敗すると，現代の心理学にきわめて多くの困難を生み出してきた反歴史的，反文化的偏向をいつまでも引きずることになるであろう。[36]

　文化心理学の第二の規準——文化心理学は，意味についてだけではなく，実行行為としての意味使用についても探っているということ——に戻ることにしよう。自己の「実行」ということによって，何が意味されうるのであろうか。**実行行為として**，たとえば，紛争をきわめた60年代後半の大学においては，学生

が「自分の発見」の可能性を求めて「すべてから逃れる」べく，一学期または一年間，バーモント州の村やメイン州の森の小屋等に移り住むための休業を願い出ることが珍しくなかった。自己についての，そしてそれをいかに「発見」するかについてのこれらの信念や要求や根拠は，そのすべての当事者にとって，自分たちを挫折させる大学の管理体制と同じくらい現実であり，そしてまた，若者たちがそこで自分の求めた「孤独」を発見しえたと思うその地の精神的風土もまた，同じくらい現実である。これは使用されている自己であり，その「実行行為の中の意味」である。それは，行為の中に，企ての中に，実行行為の中に分散された自己である。あなたは心の中に予期した**ゴール**を持って，**あること**を**する**ために**ある所に行った**。そのあることというのは，他の所ではできないし，また同じ自己ではありえないことである。さらに，あなたは，他の人たちとそのことについてある方法で語った。概念（「自己」も含まれている）は，文化心理学の中で存立しうるためには，それが行為の中で，そしてその行為を取り巻く談話の中で，それがどのように使われるのかについて明記されなければならない。もし文学的な例を用いることが許されるとするならば，それは，Conrad の "*The Secret Sharer*" の中の若き船長のようである。船長は，船の中で隠している自分の分身である Leggatt（Leggatt が卑怯な水夫をその船で殺害したことで告発されていることを船長は知っている）が，「晴れて自由の身となり，誇り高き泳ぎ手」として，船から抜け出し，岸へ逃れることができるように，コーリン島

第4章 自伝と自己 *165*

の見えかくれする暗礁にぎりぎりまで船を操り,危険をおかして巧みに接近させることで,自分の自律性を試さなければならないのである[37]。結局,彼の行動を理解するにあたって問題となるのは,孤独における一つの特性としての若き船長の「自律」ではなく,その自律の意識が,彼の生の中でどのように物語られるのかということである。そして,Ibsen の三つの劇の **解釈的不確定性** について前の二つの章で論じたように,この若き船長の行為について存在論的に下せる **最終的** 解釈の可能性は存在しないのである。なぜならば,意味を創造する行為に関わる確定的な原因は存在しないのであって,解釈される行為と表現とそして文脈があるだけだからである。そして,それはわれわれを問題の核心へと導くことになる。

歴史学や人類学や言語学が解釈的学問であるのとほとんど同じ意味で,文化心理学は解釈的心理学である。しかし,それは,文化心理学が原理を持たない,つまり方法を持たない学問でなくてはならないとか,まして実際的な学問でなくてはならないということを意味しているのではない。文化心理学は文化的文脈の中に意味を創造するにあたって,人間が引き受ける**ルール**を探し求めている。これらの文脈は,必ず **実行行為の文脈** である。つまり,人がその文脈の中で何を **している** のか,また何を **しようと** しているのかを問うことが常に必要なのである。意味は使用から生じるということは,捉えがたい問題ではないが,それがしばしばスローガン化されているにもかかわらず,その言わんとしているところは,疑われないままであることが多い。

「自己」はいつ発動されるのであろうか、いかなる形であろうか、いかなる目的に向けてであろうか。一般的な場合で言うなら、大多数の人は、重力を自分たちの自己に作用しているものとはみなしていない（たぶん極端な場合を除くとして）。しかし、誰か他の人につかまれたり、押されたり、力ずくで財布が取られたりすると、人は自分たちの自己が「侵害された」と感じるだろうし、起こったことを述べる時には、自己を発動させるだろう。そこには本人自身と誰か他者の双方の行動主体性が含まれる。これは、フォークサイコロジーの章で明らかにしたこととほとんど同じである。「コントロールの場」の研究から解っているように、人が自分自身の行動主体性の影響下にあるとして含めていることの範囲は、人によって異なり、われわれも知っているように、文化の中で本人が感じている位置によっても異なるのである。さらに、われわれはある状況を「非人格的」であると感じており、そしてそのような状況の中で、われわれは自分自身の自己と他者の自己は作用しないし、「正当に」発動しないと信じている。実行行為中のある個別の「自己」というものの**一般的**観念を得るためには、それが、多様な文脈、つまり、文化的に特定化できる文脈の中で、どう使用されているのか、実例を示さなくてはならない。

　この目的を追求するために、人びとをその生涯を通して追跡することや、その進路の各ステップごとに観察したり質問することができないのは明らかである。たとえできたとしても、そうすることによって、彼らがしようとしていることの意味を変

形してしまうことになるだろう。そして，いずれの場合にしても，その調査の終わりに，それらの個別情報や断片をどのようにまとめあげればよいのかわれわれには分からないだろう。一つの明らかに実行可能な選択肢がある——**自伝**を通して回想的に調べることである。そして私は，自伝を「記録」という意味で，位置づけてはいない（なぜならば，そのようなものは存在しないからである）。私が意味しているのは，人は自分がどんな状況で，どんな方法で，どんな理由を感じて何をしたと考えているのかについての説明だけである。それは，Polkinghorne が述べているように，一つの物語にならざるを得ないであろうし，そして，Schafer の指摘を取り上げると，その形式がその中味と同様に啓示的であるだろう。その説明が，目撃者である他者の言うかもしれないことに一致しているかどうかは問題ではない。またその説明が，「自己欺瞞」であるのか，「真実」であるのかというような存在論的に模糊とした問題をわれわれは追究しているのではない。むしろ，われわれの興味は，人は自分が何をしたと考え，自分が何のためにそれをしていたのかと考え，自分がどのような種類の苦境にあったと考えるのか等のことにあるだけである。

III　家族のストーリー

このような自己の研究に必要とされる解釈的厳密さをもって，

どのように取り組むことができるのかごくごく簡単に示しておこう。いくぶん自伝的に始めなくてはならない。数年前，同僚と私は，思考のテクストとして，また思考の様式として，物語の性質に興味をもつようになった。われわれは他の研究者と同じように，そのテクストが比較対照に役立つストーリーを，人はどのようにして再生産するのかという問題に専念していた。結局，そして自然に興味を持つようになったのは，人は以前に自分が聞いたこととは別に，自分自身でどうしてストーリーを語ろうとするのかということである。その人たち自身の生活は，そのような語りに格好の素材を提供するであろうと考えたので，われわれは，少数だが自発的に書かれた自伝を集めることにとりかかった。そこで書かれている各題材を，Philippe Lejeune が言う「本人の生活のストーリーについてたえず書き直されている粗い草稿」としてとらえる見方を指針とするとき，われわれは，縦断的自己像を**構成しようと** している人びとの言葉に耳を傾けているのだということをほどなく発見した。[39] われわれが観察していたことは，決して「自由な」構成によるものではなかった。確かに，それは一つの生活の中の諸事象によって制約されていたが，しかし，語り手がその構成の過程に参加しているストーリーの要請によっても強力に制約されていた。それは，発達についてのストーリーであることは避けられなかったが，それが取る形式（それらの形式は文化的であることは認められている）は，われわれがかつて予想していたよりもはるかに変化に富んでいた。

発達についてのストーリーとして，これらの「自発的に書かれた自伝」は，より小さなストーリー（事象やハプニングや企てについての）から成っていた。そして，その各ストーリーは，より大規模な「生涯」というものの部分であることによって，その意義を達成していた。この点において，それらの自伝は，すべての物語に普遍的な特徴を共有していた。より大きい総合的な物語は，確かに見覚えのあるジャンル——たとえば犠牲者の話，**教養小説**，アンチヒーロー形式，**放浪記**，ブラックコメディー等——で語られていた。それらが含んでいる歴史に名高い出来事は，より大きい全体像の中に置くことによってのみ意味をなすのであった。各説明の中心には，構成過程の主人公としての自己（積極的な行動主体としてであれ，消極的な経験者としてであれ，またある名状しがたい運命が乗りうつった人間としてであれ）が宿っていた。そして決定的な危機として「ターニングポイント」が出現していた。また文化的に認められているが，ターニングポイントはほとんど決まって勝利や敗北，信頼への裏切り等によって引き起こされる新しい意識によって生み出されたのであった。生は単に芸術を模倣するというだけではなく，生がその表現の様式として，芸術のジャンルや，ストーリーテリングという生とは別の趣向を選択することによって芸術を模倣するのだということがすぐに明らかになってきた。

　自伝については不思議なことが存在している。自伝は，ナレーターがかつてその時そこに存在していた主人公（過去のナレーター自身だが）について今ここで話す説明であり，そのスト

ーリーは，主人公がナレーターと一体となる現在で終わるのである。生のストーリーを組み立てている物語的エピソードは構造的には典型的に Labov 派的であり，時系列性と例外の正当化ということをきびしく固持している。しかし，より大きなストーリーは，なぜその生が必然的に一つの特有な道を進んできたのかを（因果的では**なくて**，道徳的，社会的，心理的に）正当化しようとするかのようにレトリック性の強い脈絡を示している。ナレーターとしての自己は，出来事を枚挙するだけではなく正当化する。そして，主人公としての自己は，いわば，常に未来を指し示している。ある人が子ども時代を総括するかのように，「私はまったく反抗的な子どもだった」と言う時，それは一つの総括であるとともに，一つの予言ともみなしうるのが常である。

　ストーリーが一つにまとめられる時には，驚くべき量の作業が今ここで進んでいるのである。そして，われわれが集めて分析した多くの自伝において，「中核をなす叙述」の三分の一から二分の一が，現在形であるということは決して驚くことではない——過去はほとんどいつも過去形で語られるが，ナレーターは，過去について語っているのではなく，それについて語る時点では，過去を素材に何を物語として創りだすかを決めているのである。

　われわれが，自分たちの生について語る中に飾りとして織り込んでいる推測は，深く事実上際限がない。それらはどの話の中にもある。たとえば「内気な子ども時代」とか，「夢みがち

な子ども」などである。そしてそれらがなぜ含まれているのかということは,たいてい暗黙裡のままであり,そこで行われる無言の協定は,ほとんどの場合,聞き手としてのインタビューであるあなたがそれを自分で読み解くだろう。そしてもしあなたが,その理由をはっきりとさせるように問うなら,あなたのその問いが,明らかに相手の説明の方向を操作することになり,他の方法による時とは異なった方向へと導くことになるのは確かであろう。というのは,インタビューは,その「参加群」の一部分となって,自己をその使用の機会をこえて分散させるからである。

　この自伝での推測がきわめて不全であることは,われわれのしごとを困難にしたが,それへの反動として,われわれは幸いにも二,三の的を射た自衛的な考えを思いついたのであった。それらのうちでももっとも良いのは,同じ家族のメンバーの問題に集中することであった。この方法ならば,家族の一人が「私たちは,親密な家族だった」と言った時,それが何を意味しているのかより良く判断できるだろう。しかし,その実用的な計画は,われわれが決してそれまでには予知しえなかったような他の贈り物をもたらしてくれた。結局,一つの家族というものは(好んでそれを書き手がテーマにとりあげるように),文化の代理であり,さらに,文化の小宇宙である。そこでわれわれは個々の個人からそれぞれに自伝を集め続けるよりも,同一家族の六人のメンバーに的をしぼって自伝を集めることに決めた。はじめは便宜上とりかかったことが,その終わりでは調査の原

理になっていたのである。

　そこで，Goodhertz 家の調査を始めたのであった。この家族は，60歳代初期の夫婦と，成人した二人の息子および二人の娘からなっていた。われわれは，彼らに個別に，独立して彼らの生活についてインタビューし，各個人の自伝に予備的な分析を行うのに一年かけ，そして今度は，家族として「話し合いのセッション」のために集ってもらい，「Goodhertz 家に育つとはどういうことであるのか」についての話し合いを，三時間以上も続けてもらった。幸いにも，そのセッションをビデオ録画することができた。というのも，彼らのしているジェスチャーや，その人が誰を見ているのかが分からないような家族の像というものは，まるで色のない夕焼け空のようだからである。

　彼らによって使われる言葉を綿密に研究することによって，生のストーリーの中に埋もれている見込みを掘りあてることができるともわれわれは考えたのであった。結局，物語というのは，**プロット**（fabula）ではなく，**語り方**（sjuzet）である。そこで，われわれは談話そのものを分析して，目立った語や，特徴的な表現や，物語的文法形式を探し出した。そして，その家族の一人一人は，そこでの説明を構造化するにあたって，随伴性や必然性にどれほどよりかかっているのかを調べるために，義務的で知識的な叙法を数えてみた。Goodhertz 家の内省的傾向についてわれわれの抱く全体像を豊かにするために，心的動詞が使用される文脈を調べたのである。幸いにも，計算と特殊な探索はコンピュータによって簡単にできる。しかし，それ

第4章　自伝と自己　173

らをどのように解釈するかについてのヒントは、また別のものである。そこでのもっとも良い指針は、文学であり談話言語学であった。

IV　家族とのインタビュー

　われわれのインタビューの方法は、形式張らず、標準的なインタビューで得られるカテゴリー化された反応よりもむしろ、物語的に語ることによって意味作成を促すように計画されていた。各インタビューの最初に、われわれは、自発的に語られる自伝と、人は自分自身の方法で自分の生をどのように語り始めるのかということに関心をもっていることを説明した。われわれ——私の同僚で英文学の教授である Susan Weisser と私——は、自分たちの長年の関心がそのトピックにあることを打ち明けた。そして判定を下したり、セラピーすることに関心はなく、「各自の生」に関心があることを明らかにした。そこで、Weisser 教授は自分の研究室で、彼女自身が数カ月かけて各インタビューにあたった。

　自伝についての近代理論家たちが、過去15年以上論じてきた認識論的負荷がかかるにもかかわらず、普通の人は、また特別な人でさえも、いったんその課題に入ると、自分たちのストーリーを語るのにほとんど困難を感じないようである。われわれが聞くストーリーは、人が自分たちの生をどのように語るのか

というわれわれの関心に合うように，ある程度計画されていたことは疑いようがなかった。また，われわれは，インタビュアーがその面接の間中，中立でいられるという幻想の下にいたのでもなかった。Weisser 教授は，面白いことが話されると笑い，話された出来事に対して「ふーむ」とか，「おやおや」のような一般的なあいづちで反応し，話されたことが彼女によく分からない時には説明を求めさえした。もし彼女が他の方法で接していたら，通常の対話のルールを損ねることになってしまうのは確かであった。Weisser 教授は40歳代の女性で，あたたかく，うちとけて愛想がよく，また人格的にも専門家としても「身の上話」に明らかに好奇心を誘われていた。そして，普段通りにふるまっていたのであった。われわれの被験者が，彼女の「人を認めようとする」スタイルを反映するように反応していたことは明らかであった。もし仮に，インタビュアーがもっと「形式的」であったり，そこでつけるペルソナ（仮面）が異なっていたり，あるいは単に，女性ではなく男性であったりしたならば，被験者たちは疑いなく違った反応をしていたはずであった。確かに，精巧な調査研究は，厳密な方法の適用によって生み出すことができるが（またはそうあるべきであるが），しかし，われわれはそのような計画は最初の冒険的試みには適切ではないと判断したのであった。「生のストーリー」は，ある特定の人に向かって語られる時，ある深い意味において，語る者と語られる者との共同の産物であることは明らかである。自己は，「実在性」というものについてどのような形而上的立場をとろ

第 4 章 自伝と自己　175

うとも,語る者と語られる者との間の交渉の中にのみ明らかにされうるのである。Mishler がわれわれに思い出させているように,インタビューによってとらえようとするどのようなトピックも,その交渉に照らして評価されなくてはならないのである[41]。そのことは多くのことを言っているのだが,ここで勧められるのは,ある種の解釈学的戒めを実行することだけである。

インタビューに入って15分から一時間程で,被験者が最初の自発的説明を終えた後にたずねる12個の「即座の質問」リストをわれわれは作っておいた——質問はいつも同じ順番になっていた。それらは,「御両親があなたを子ども扱いしたら,あなたはどのように言いますか」のような,最初はいたって制限を加えないものから,「あなたの人生の中で,自分にとってまったくいつもとは異なると言えそうなことが何かありましたか」とか,「もしあなたが自分の人生を小説か劇かストーリーとして描かなくてはならないならば,どのようなものと言えるでしょうか」のように,後には答を促す質問にいたるまで幅をもたせた。インタビューは一時間から二時間近く続き,もちろん録音された。一つの文脈もしくは別の文脈において,Goodhertz家の六人全員が後に自発的に述べたところでは,彼らはインタビューを楽しんだとか,個人的にもそこから多くのことを知りえたと(または両方を)報告した。何人かはそこで明らかになったことにとても驚かされたと話した。ところで,今述べたことは自伝的インタビューではきわめて共通したことであり,「自分の生について語ること」のもつ構成的性質を興味深いし

かたで証明しているのである。

「ファミリーセッション」に関しては，われわれはGoodhertz家の人たちの自伝を検討してきたが，Goodhertz家の一員になるとはどういうことであるかについて一家の人たちの意見を今ぜひ聞きたく思っている旨を告げてから始めた。われわれは，万一の場合に話を促す方法をも入念に計画しておいたが，それを用いるような機会もなく，そのセッションは三時間続いた。われわれは三時間あれば充分であると前もって決めていたが，セッションを打ち切った時も，話し合いは盛んに続いていた。われわれはコーヒーと茶菓を持ってセミナーテーブルを囲んだ。Goodhertz家の人たちは，たえずわれわれの存在を意識し，われわれに対するのと同じくらい家族相互にコメントし合っているように見える時でも，ある意味で，われわれに向かって話しているのであることは確かであった。しかし，それはインタビューではなかった。実際，調査者としてのわれわれはまったく無視されているように思われる時もあった。

彼らは「どんなことでも何でも話し合う」自由をもっていることを誇りにしている「親密な」家族であることをわれわれは知っていた。そしてテーブルのまわりでの彼らの会話は，特に世代間の問題においてであるが，いくぶん対立的なやりとりになることすらあるほど，彼らには気取りがなかった。一つの点をあげると，一番年下の娘で，20歳代の半ばだが，いまだに「家族の中の赤ん坊」と考えられているDebbyは，昔の黒人のボーイフレンドに対して両親のとった態度について，両親を

「人種差別者」として攻撃した。彼女の母親は，もしも神が人種を混ぜ合わせようと意図していたのなら，神は人種をいろいろな色にしなかったはずであろうと答えた。雰囲気をこわさないために誰もがするように，私はコーヒーのお代わりが来たと告げて休憩をとる方法を利用した。後になって私が気づいたのは，私は Goodhertz 家の「家族として行動していたのだ」ということであった。というのは，われわれがこのしごとを始めた頃，Clifford Geertz が私に助言したように，家族というのは，不可避的に起こる相反した関心によって，その成員たちが外に引きずり出されないようにするシステムであり，この家族はそのために二つのテクニックをもっていた。一つは，巧みな対人関係の処理であった。それは，ジョークを言ったり，気晴らしや休憩──私が「コーヒータイム」を告げたように──をとったりする方法であった。いま一つは，家族に確立されている役割に取り組み，それを演ずることによる方法であって，それらの役割を強調するのに役立つ典型的な家族のストーリーを用いることさえあった。どの家族もこれらの蓄えを備えており，われわれがこれから見るように，この家族もそれらを巧みに使っているのである。

V　Goodhertz 一家

　これから話すことを理解しやすくするために，Goodhertz

家の人たちのごく簡単なスケッチをしておこう。家長であるGeorge Goodhertzから始めよう。彼は60歳代であり，自分の腕一本で世に出，暖房装置の請負人としてしごとに専念している。友人が困った時には，助言をしたり，小額だが金を貸すような，コミュニティでの信頼できる人としての役割を果たしていることをその誇りにしている。彼の言うところによると，彼の父親は「酒飲み」で，家族に不自由な思いをさせた。そして，父親が家族を捨てた時，Georgeは授業料がいらない教区立小学校に入れられた。彼の言うところでは，修道女のお気に入りになり，彼女たちは彼が進んであちこち手伝ってまわるのを歓待した。彼はカトリック信者になったが，それより以前，家族は単なるあいまいなプロテスタント派であった。彼は今も教会で学んだ道徳的義務を強く意識し，それらによって生活しようと努めているが，今はもはや信者ではないと言っている。高校を卒業してはいなかったが，思慮深い人であり，その自伝で使うことばは，「のようである」と「である」とを区別した語や句が高い頻度で用いられていた。彼は有能で自己充足していたが，自分はその人生の中で人との親密さを失ってきたかもしれないと心配していた。誕生日を偽って，未成年で陸軍に入り，五年後にまだ25歳前で曹長として除隊した。彼は，この世の中でうまくやっていくために，人は「世間ずれして」いなくてはならないと信じてはいるが，自分自身のことをどんな意味でも無頼漢ではないと思っている。

　彼の妻のRoseは，イタリア移民の二世であり，きわめて家

族中心的であり，30年間住んでいるブルックリン界隈の古い友人と密接な関係をもっている。そして「カトリック教徒で民主党支持者」である。彼女もまた，そのことばを借りると，自分の夫の場合と同じように，「保守主義者」で，ほら吹きで，酒飲みで，家族に不自由な思いをさせた不誠実な父親の子どもであった。夫婦二人とも，自分たちがかつてもったよりもよい生活を，子どもたちに与えることに専念しようとする態度を共有している。彼女は，家族の中では頑固者としての評判を楽しんでいる。子どもたちが成長した時，彼女は「仕事に戻った」——報酬のためではなく，夫のための簿記係となって。彼女は夫ほど思慮深くはなかったが，運命を，それもその人自身の努力によって左右されうる運命を強く信じており，「運命の助けによって，私は子どもたちの誰もが麻薬に手を出さないように育てあげた」と言う。その自伝についてのインタビューを起こしてみると，現実そのものを示すようなことばに満ちており，「意味を解釈しよう」とする努力は少ない。「である」という表現が，「のようである」という表現より高位をしめている。

　いちばん年上の子どもである Carl は，高校生の頃カトリック平和運動で活動していた。そして，この家族の中でカレッジに行った最初の人間であった。そのカレッジはカトリック系であったが，そこを卒業して，感覚生理学の Ph. D. を取るために，「よその町の」まったく無宗教系の大学に行ったのである。彼はその自伝的説明において，思慮深く，順序正しく，教訓的であり，そのスピリットは，「今私が知っていることを，もし

その時に私が知っていたとしたら」というような表現から捉えることができる。彼は自分が受けた教育によって，家族をいかに遠く越えてしまったかに気がついているが，家族たちと親密な触れ合いを保ち続けている。しかし，彼はイカロスのように，そして半ば自嘲的に，その自伝の最後の方で，「ブルックリンから来た少年が，ここでどうすればいいというのか」と言っている。彼は自分のもつ「特別の才能」を信じており，それによって，人の道徳家づらや偽善を見抜き，自分だけの道を進むことができたと信じている。彼は，きょうだいの中で一番年齢が離れているが，もっとも自由にふるまっている妹の Debby の自然な味方である。30歳代の後半で未婚であり，マンハッタンに住み，研究職にあるが，日曜日のブルックリンでの家庭の夕食にはかならず顔を出している。

　Nina は上から二番目である。彼女はその言うところによると，従順で太った子どもであったが，父親が彼女の刺激的な服装や社交性を認めなかったので，自分はより反抗的になったと言う。「私は黒や茶色の洋服を着て，静かにしていないといけないことになっていた」。早く結婚したが，男がアルコール中毒になり，彼との間に女の子をもうけたものの，離婚し実家に戻った。そして，自分の企業的才能に気づき，地方の商店で手作りチョコレートを販売することに成功した。自分の人生は一変したと彼女は語る。新しい自信をもち，電話サービスの仕事をもち，すぐ後に自営業を始め，今ではとてもうまくいっている。自伝についてのインタビューの最後に，人生の中で一番欲

していることは何かと問われて，彼女は笑いながら，「よりもっと」と答えた。Nina はよく笑い，その笑いによって，両親やきょうだいを緊張場面から救い出している。笑いによって和解の場を作ろうとする彼女の努力は，人種差別をめぐってDebby と両親が対立し合う際でもその背景に流れていた。それが仮装としてであれ本物としてであれ，Nina は自ら自分をからかうことを，自分が家族から愛される存在となる方法の一つとしているのである。ファミリーセッションで，彼女はわれわれと出会ってからの一年の内に再婚し，また離婚したこと，そして「陽気な大きなおばさん」として「今では結婚が私の趣味じゃないかなと思っているの」と自嘲的な言い方をまじえながらわれわれに告げたりするのである。自分の企業的才能にもかかわらず，彼女は自分の家族と自分の娘に強く同一化しており，自分自身を母親型性格であると見なしている。

　Harry はこの家族の中で不運なストーリーをになっている。彼は人に気に入ってもらうようもっとも精一杯やってきたが，幸せな子どもではなかったことは明らかである。典型的な家族のストーリーの一つとして話されたのだが，彼は小さな子どもの時，過度に食べ過ぎるので，近所に行く時には，彼の母は「食べさせないでください」という札を彼の首に下げた。Harry の自伝的物語をみると，いくぶん不全失語的である。なぜならば，出来事の順序を保存するのが下手で，その意図は不明瞭にしか通じないし，彼が何を言及しようとしているかはそのテクストからかならずしも明らかではないからである。彼

の用いる指示語と外部との照応関係に混乱がある。彼はとても若い時に地元の少女と結婚し，彼女を「気楽に」させてやるため，彼女の古くからの友人たちと（一人の男友達も含めて）会うことを勧めてきたが，それが面倒を引き起こすこととなった。やがて，自分がボーリングクラブから集めた金を彼女が「盗んだ」。そのために「彼女を殴った」とわれわれに話している。彼らは子どもが一人いたが，その後少したって離婚した。そして，彼女が彼の訪問権をどのようにして取りあげたのかについてはその報告では明らかではない。どちらにしても，まったくこのストレスのために，彼は都会での仕事中に顧客に怒りを爆発させ，解雇や停職にされた。われわれに自分のストーリーを話した時，彼は二つの訴訟に巻き込まれていた。一つは自分の息子に会う権利を得ることであり，もう一つは仕事を取り戻すことである。暮らしは保留の状態にある。彼の説明のしかたは，どれも不完全で文法的関係もはっきりせぬセンテンスが大半を占め，あまり構造化されていない物語であった。インタビューにおいても，ファミリー・セッションにおいても，家族がHarryに対して示す真の敬意と思いやりには心打つものがあった。「私たち皆の中で彼がもっとも立派だと思う」と母親は言う。

　Debbyは，家族の中で数年だけだが最年少なので，甘やかされた子ども時代を過ごしたと語る。周囲に多くの友人をもち，とても好かれていた。そして，地方のカレッジに進んだが，そこでの個性を認めない校風がいやだった。個人的に自由である

ことこそが，彼女のもっとも欲するところであり，それは，周囲の古い慣習に彼女をつなぎ止めておこうとするような種類——「結婚して四つの壁と四人の子どもに閉じ込められて終わるだけ」——のものではなかった。彼女は「経験」することを欲し，世界を知ることを欲している。彼女の理想は，「自発性」と「明るさ」である。彼女は演ずることを選択し，今演劇学校に行っている。新しい役を演じることは，自分を刺激すると言っている。彼女の自伝は生き生きと描かれた印象の連続であり，経験と親密性と自発性をテーマとする一連の変化としてまとめられている。彼女の言うところを読んだ一人が，彼女の「ポストモダン・スタイル」と呼んだが，テーマを互いに関係づけるという点で，彼女は Carl と同じように秩序的である。しかし，Carl の説明は因果的で直線的であるのに対して，彼女の説明の方は，テーマがメタファー的に繋がり合った流れをなし，一つ一つが互いに融合し合っている。因果的な表現は，比較的稀であるが，それらの欠如は，喚起される細部の鮮明さと具体性によって補われている。彼女は家族の中で，ありのままの彼女，つまり，温かく，自発的で，家族に対して忠実であるが，「抜け目のなさ」が欠けているとして受け入れられている。彼女は女優でありたいと欲しているが，その野心は，世間的に認められることよりも，個性的でありたいことにあるように見える。

　対面性にもとづく文化はどれもが，メンバーは「共同的注意」の機会をもち，そこでメンバーが物事の状態を一緒に「捕らえ」，お互いに対する気持ちを再調整し，いわば，規範を再

確認してゆく機会をも持っているのである。家族も例外ではない。感謝祭やクリスマスの晩餐，過ぎ越しの祭の祝宴，結婚式などもそうである。Goodhertz 家としての親密さを，彼らは感じているのであるが，それはしばしば食事をともにするということによっている。彼らはお互いにすぐ行ける範囲に暮らしており（Carl を除くが），少なくとも週に一度は，彼らの言い方によると，「テーブルを囲む」のである。彼らは，そのテーブルの周りでは何も禁じられていないことを誇りに思っている。そして小さい子どもたちの時から，彼らはテーブルの周りにずっと座ってきたのである。困ったことがあれば家に戻り，自分のもとの部屋を使えるということが不文律になっていた。Nina は離婚後娘を連れてそこに戻り，Harry も彼の不幸な崩壊の後に戻ってきた。Debby も自伝をたずねるインタビューを受けた時にはまだそこに住んでいた。彼女がブルックリンの別の場所の演劇学校の近くに引っ越してからも，姉は彼女に洗濯物を家に持って帰るように優しくすすめていたのである。

VI 「現実世界」と「家庭生活」

　私が最初に取り組もうとしていた問題，一つの家族としての実践行為の中で，つまり，家族が文化の代理を務めるなかで，自己が形作られ，分散されるという問題にここで戻ろう。私が扱いうるのは単に一つのテーマ——Goodhertz 家の人たち全

員が公と私の間につけている区別，つまり，外なる社会から家族のイデオロギーの中に入り込み，結局そのメンバーたちの自己の中に体現されている一つの文化的区別──だけである。私の目的は，発見したことを「報告する」というよりもむしろ，文化心理学の精神において，探究がどのように導かれうるのかということについての見解を下すことである。

　すでにあなた方はきっと推測してきているであろうが，「家庭生活（home）」と「現実世界（real world）」（Goodhertz 家のことばを使うと）との間のコントラストが，この家族およびその各メンバーにとって重要なのである。自伝でも家族セッションでも議論された「テーマ」の中で，これがもっとも支配的なものとなっている。このテーマは，言及される頻度で抜きん出ている。彼らの「ストーリー」を構成する Burke 派の五基語のバランスが失われたとき，それを回復する過程においてもっともよく現れるのもこのテーマである。そして先の章で私が大文字のTを使って「トラブル」と呼んだものを創りだすことにもっともなりそうなのもこのテーマである。またそれは義務論的命題──何である**べき**か，何が重要とされるか，何が説明されるべきかのような陳述──を高頻度で生み出すテーマでもある。

　家庭と現実世界のこの区別は，それぞれの時代においていくつもの形をとってきている。この家族におけるその表現は時代の表現である。というのは，Goodhertz 家の自伝的テクストは，いわば，それらがきわめて一個人の文書であるのと同じく，

歴史的社会学的文書でもあるからである。確かに、この家族の「個人的な」歴史は、アメリカの移民——家族の一つの側面としては、イタリアからアメリカへの移民であり、いま一つの側面は、地方から都会への移民——の歴史を、非常に深いしかたで反映してさえいるのである。George Goodhertz も Rose Goodhertz も、彼ら自身のことばによると、貧困に近い状態とそれがもたらすみじめさによって傷つけられた子ども時代を生きてきた。二人とも自分たちの子どもたちには、そのような子ども時代を送らせまいと強く望んでいたので、意図はしないが、「家庭生活」と「現実世界」とのコントラストを過度に表現することとなり、それが子どもたちに緊張——「安全対危険」や「平穏対興奮」についての緊張——を作りだすに到った。両親のもっとも深い望みは、自分たちの子どもたちを、自分たちの子ども時代のような「目にあわせない」ことであると強調していた。

　しかし、両者の区別に関わるところには、その問題についての社会学的事実も存在している。現代のニューヨーカーは、自分たちの街が犯罪に支配され、麻薬に支配され、明らかに無法化し、搾取的であり、そして同時に、それは刺激的で変革的であると**認め**、かつそれについて**語っている**。「抜け目なさ」という表現こそニューヨーク語で、公私を特別な方法で区別せよという提案なのである。この表現は個人心理学だけではなく、歴史学も社会学をも言い表しているのである。これら三つの学問分野は、それぞれ必然的に異なるデータベースをもっているが、

それらによって代表される異なるレベルの分析を，文化心理学がわざと「混乱させ」ようとしてるのではないことは明らかである。混乱させるのでなくて，そのねらいの一つは，それぞれのフィールドが他の二つに対して互いに文脈を提供しているしかたを探究することにある。

　Goodhertz 一家にとっての「家庭」とは，親しみ，信頼，助け合い，寛容，開放性を意味する。それは，関与のしかたに対する処方箋であり，メンバーと関係しあう方法であり，談話の様式であり，一種の愛情そのものでさえある。そこから期待されるように，「家庭生活」は，家族メンバーが「その家族」について語る典型的なストーリー，つまり，象徴的な苦境と象徴的な解決（あるいは興味深い非解決）を例示する物語の中にも具体化されているのである。各メンバーは，それぞれ自分自身の語るべきストーリーをもっている。たとえば，Debby は Goodhertz 家の思いやりを打ち明けるものとして，無力さ，さらには「もの言えぬ動物の無力さ」についてのストーリーの中でくわしく述べている。羽根を傷めた鷗が，Goodhertz 家の庭に来て止るという「彼女」のストーリーがある。その鷗が死ぬまでに家族がほどこした過剰な溺愛ぶりは，彼ら皆がなんと「甘い」のかを，滑稽な程誇大に示すものとして数年後も語られるのである。彼女は家族の集まりの時にそれを語り，皆が寄ってその話に色をつけた。また大人になってからの彼女の思いやりの深さを象徴する物語様式をとったものとして，ブルックリン・クイーンズ高速道路上でトラックから落ちた鶏を彼女

が助けようとしたことについて自伝で語っている。「私たち皆死んでしまうわ」と彼女の友人は車を止めるのを断る。彼女はいきまいた。「現実世界」は，つまり恐ろしいブルックリン・クイーンズ高速道路は，人間のやさしさを抹殺してしまうと。

　Carl の「現実世界」は，Debby のそれよりも残酷さと偽善性において，より仕組まれ，またより歪められたものである。彼は高校のフットボールのコーチに相手側に「行け」，つまり，「ゲームから外れよ」と命じられた。彼は完全にチームを去る──黙ってそして何の虚勢もはらずに。彼は「現実世界」の中に，同じ心をもち，共感しあえる飛び地──カトリック平和運動，彼が大学生として自分の自由時間をそこに捧げるセツルメント・ハウス──を見つけ出すことによって，自分なりの「現実世界」に適応している。大学院では，「激烈な競争」と「能力選別」によって消し去られるよりもむしろ，「われわれ皆が座り，対等の人として事を語り合うことができる」──それは自分の家庭における家族の鍵となるメタファーであるが──ように事を運ぼうと彼は努めている。彼のストーリーでは，プレッシャーに「耐え続ける」ということは，ある特別なものを必要としている。「われわれは道義をわきまえた家族だ」と，彼は家族セッションの時にまったく出し抜けに大声で言った。

　それぞれのメンバーは，葛藤についてそれぞれ自身のもつ物語的見方を示しており，口数の少ない Goodhertz 氏でさえ，自分は信用と秘密を守ろうとする要求が強かったために，友達との親しさがそこなわれたことがあるとくわしく語ったほどで

ある。また，家族セッションで別の対立がみられた。それは，明らかに「ストーリー」の形成途上のものである。Debbyは，数ヵ月前，一人の友人が死んだことを電話で父親に話した時，彼があまり同情を示さなかったと言って父親を責めている。父親は，「いいかい，私は彼女という人をまったく知らないのだよ。この世の中で，一つ一つのことにいちいち悲しんでることはできないのだ」と言っている。彼は自分が父親としての愛情と，現実世界に生きる抜け目なさの間でいらだち，自分が危うく限界ぎりぎりにきていることを知っている。彼はかちかちの保守主義者で根っからの愛国者として，そして前曹長としてではあるが，結局最後にはCarlがベトナム徴兵忌避者であることを祝福するのである。そして，Debbyは常に「没頭すること」というテーマに戻り続け，それによって，彼女は自分の生涯を過度に面倒なものにしているようである。

　それらのすべては，Goodhertz家の人たちが「現実の世界」での功名をあきらめてしまっていると言っているのではない。彼らはそうではない。しかし，きわめてはっきりしていることは，彼らが自己の正当なる感情としているものは，「外の世界で成功すること」から引き出されるのではなく，信頼と親密という「家庭生活」の世界に同一化し，そこに参加することから引き出されているのである。そしてこのような趣旨で，この家庭は，多くの作家が意味と自己の現代的「私有化」と言うところのものを反映しているのは確かである。自伝においてと同じように，家族セッションにおいても，彼らがそれを描き出して

いるように,「真の自己」は「ペルソナの外面」ではなく, プライバシーや親密さや相互交渉のもつ価値と結びついた感情と信念であるということに疑いはないのである。Goodhertz 家の自己は, もし象徴的なメタファーを使うことが許されるならば, あの有名な夕食のテーブルの周りに割り当てられ配置されている。Weisser 博士と私が, Goodhertz 夫人から一緒に家でイタリア料理の夕食をとるようにそれとなく誘われた時, そこでの会食が先のことを示す記号論的行為に思えたのである。つまり, **われわれ** もまた, 現実の人間として, その「家庭生活」という世界の内に棲む自己となったのである。

　Goodhertz 家の一人一人における自己の主構造とは, これこそ正当としている「真の自己」と, 自分たちを「現実の世界」から守る手段となる「抜け目のない」自己との間のこの区別からなりたっていることにほかならない。これら二つは互いにかろうじてバランスをとっている。Carl の自伝からのストーリーは, 心痛む例証を提供している。夏のカリフォルニアで, 彼はひとりの女性と出会い恋におちた。「夢想家」というのが彼の彼女についての描写である。ある夜, 彼女はベッドで喋っていて, 彼にそんなに性急にならないでと言った。翌朝早く, 彼は起き出し, 自分の荷物をまとめ, ニューヨークに戻る始発便の飛行機にとび乗った——すべて彼女が目醒める前に。彼が求めているのは **無為の娯しみ** ではなく, 自己をどう定義するかの葛藤をかかえて生きる苦しみへの癒しなのである。

Ⅶ　社会的歴史的力の表現

　ここでわれわれは，歴史的全体像に戻るべきである。心理学者としてあえて危険をおかして言うなら，18世紀までは，私的領域というのは仕事や権限のような公的世界ほど現実的でもなく，それ自体として限定されてもおらず，安定したものでもなかったということをわれわれは忘れているのである。イギリスの歴史学者の Keith Thomas が，**年代史**学派による"*A History of Private Life*"の第三巻を周到に**概観**する中で，そのことをわれわれに思い起こさせている。

> ヨーロッパ史の近代にあっては，プライバシーとは，共同体の目から隠したい秘密であり，隠れ場所であり，恥ずべき欲求であるとみなされていた。17世紀の説教者が言っているように，「殺人者と性的不義者は，ともにプライバシーを望む点で同じである」。18世紀になると，Denis Diderot は，秘密の隠し場所をもった家具調度の激増を，その時代の道徳的悪化のしるしとみなした……。Jean-Jacques Rousseau にとって，プライバシーがない社会は悪の存在しない社会であろう。[42]

　われわれが探究している生と自己とは，確かに，今ここに働いている精神内の力によって形成されている。彼らが分かちもっている区別は，家庭と現実世界の間にある先鋭な差違につい

て**彼らのもつ**区別であって，それを彼らは自分達自身の生の中にあてはめてきているのである。その区別はあらゆる意味において，きわめて**同時代的なもの**といえる。しかし，そこで問題をとどめることは，Goodhertz 家からその歴史を奪うこととなり，彼らの生と彼らの苦境についてのわれわれ自身の理解をも貧弱にさせることになる。というのは，個人としても家族としても，彼らは現に存在し，また常に存在し続けてきたし，そして社会的歴史的な力の表現として存在することから逃れることはできないからである。これらの「力」を構成するものが何であれ，また人が歴史的な力に対してどのような見方をとろうとも，それらは人間の意味へ，言語へ，物語へと変換されており，人間の心の中へと入り込んでいるのである。結局，フォークサイコロジーと，文化という**経験的**世界を創造したのは，この変換の過程であったのである。

　文化心理学は，これらの問題をその専門領域として捕らえている。文化心理学は，何も生物的限界や物質的必然性の存在，または経済的必然性の存在をも除外したり，否定するものではないことは，これまでに何回も繰り返し苦心して述べてきたところである。また今一方で，文化心理学が主張するのは，「因果関係の方法論」によっては，文化における生活の社会的，個人的豊かさを捕えることも，またそれらの歴史的深さの測量にとりかかることもできないということである。われわれが心理学者として文化の世界を正しく扱うことは，解釈という方法の適用を通してのみ可能なのである。

VIII まとめ──「説明」と「解釈」

　これまで述べてきた四つの章を結論へと導くことにしたい。私は，認知革命がその中心的関心としていた「意味形成」を捨て去り，かわりに「情報処理」と計算操作を選んだことを非難するところから本書を始めた。第2章では，人間の境遇についての研究において，私が「フォークサイコロジー」と呼んだものを考慮すべきであると力説した。「フォークサイコロジー」とは，人が自分自身，他者，そして自分たちの住んでいる世界の見方を組織化していくのによりどころとしている文化的に形成された概念である。私が主張しているのは，フォークサイコロジーは，個人的な意味にとってだけではなく，文化の凝集性にとっての本質的基礎であるという点である。なぜなら，フォークサイコロジーは，われわれがその変化に応じてわれわれの制度を創造し，また制度の変化に応じて今度は，フォークサイコロジーが変化するというその教義に支えられているからである。私は，また，フォークサイコロジーは，一連の論理的な命題ではなくて，むしろ物語やストーリーテリングの形で遂行されるものであるということを明らかにしようと努めもした。それは，物語文化──ストーリーや神話や文学のジャンル──のもつ強力な構造によって支えられているのである。
　第3章では，人間文化に参加し，その物語を利用することが

できるためのレディネスの起源について探ってみた。私は，子どもが生得的な素質と体験によりながら，**生きた現実の中で**言語とその物語的な談話を**使用すること**によって，どのように文化に参加するようになるのかを明らかにしようと努めた。人間のもつ文法の構造というものは，物語ることへ向かおうとする原言語学的推進力から起こってきたのでないかとさえ考えたのであった。

最後に私は，われわれが生活や自己をどう構成するかは，この意味構成過程の結果であることを示そうとした。さらに，私は，自己というものが頭の中に閉じ込められた意識の孤立した核ではなく，対人関係的に「分散された」ものであるということを明らかにしようと試みた。自己は，現在に反応するだけで生ずる根なし草のようなものではない。自己は，文化の一つの表現であり，その文化に形を与えている歴史的環境からも意味を取り入れているのである。

文化的心理学のプログラムは，生物学や経済学を否定するのではなくて，人間の心と生活というものが，生物学や物質的資源のみならず，文化と歴史をどのように反映しているのかを示すべきである。文化心理学は必然的に，文化や歴史の研究者たちに常に役立っている解釈という道具を使うことになる。生物学的にせよ，また他のしかたによるにせよ，人間というものを「説明し得る」ただ一つのものなどないのである。結局，人間の境遇についてのいかに強力な因果的説明であっても，人間文化を構成している象徴的世界の光に照らして解釈されるのでな

い限り，それが納得のいく理解をもたらすことはできないのである。

Notes

第1章 人間研究のあるべき姿

1. Howard Gardner, *The Mind's New Science: A History of the Cognitive Revolution* (New York: Basic Books, 1985). Earl Hunt, "Cognitive Science: Definition, Status, and Questions," *Annual Review of Psychology* 40 (1989):603–629.
2. Hubert L. Dreyfus and Stuart E. Dreyfus, with Tom Athanasiou, *Mind over Machine: The Power of Human Intuition and Expertise in the Era of the Computer* (New York: Free Press, 1986). Terry Winograd, *Understanding Computers and Cognition: A New Foundation for Design* (Reading, Mass.: Addison-Wesley, 1987).
3. Clifford Geertz, *The Interpretation of Cultures* (New York: Basic Books, 1973). Clifford Geertz, *Local Knowledge: Further Essays in Intepretive Anthropology* (New York: Basic Books, 1983). George Lakoff and Mark Johnson, *Metaphors We Live By* (Chicago: University of Chicago Press, 1980). John R. Searle, *Intentionality: An Essay in the Philosophy of Mind* (New York: Cambridge University Press, 1983). Nelson Goodman, *Of Mind and Other Matters* (Cambridge, Mass.: Harvard University Press, 1984). Wolfgang Iser, *The Act of Reading: A Theory of Aesthetic Response* (Baltimore: Johns Hopkins University Press, 1978). Kenneth J. Gergen, *Toward Transformation in Social Knowledge*

(New York: Springer-Verlag, 1982). Kenneth J. Gergen and Keith E. Davis, *The Social Construction of the Person* (New York: Springer-Verlag, 1985). Donald P. Spence, *Narrative Truth and Historical Truth: Meaning and Interpretation in Psychoanalysis* (New York: W. W. Norton, 1982). Donald E. Polkinghorne, *Narrative Knowing and the Human Sciences* (Albany: SUNY Press, 1988).

4. Edward C. Tolman, "Cognitive Maps in Rats and Men," *Psychological Review* 55 (1948):189–208. Tolman, *Purposive Behavior in Animals and Men* (New York: Century, 1932).

5. *Annual Reports of the Harvard University Center for Cognitive Studies* (Cambridge, Mass., 1961–1969).

6. George A. Miller, personal communication.

7. See, for example, Roy Lachman, Janet L. Lachman, and Earl C. Butterfield, *Cognitive Psychology and Information Processing: An Introduction* (Hillsdale, N.J.: Lawrence Erlbaum Associates, 1979).

8. Herbert A. Simon, *The Sciences of the Artificial*, 2nd ed. (Cambridge, Mass.: MIT Press, 1981).

9. Daniel C. Dennett, "Evolution of Consciousness," The Jacobsen Lecture, University of London, May 13, 1988; Alan M. Turing, "Computing Machinery and Intelligence," *Mind* 59 (1950):433–460.

10. Compare Noam Chomsky, *Language and the Problems of Knowledge: The Managua Lectures* (Cambridge, Mass.: MIT Press, 1988), with David E. Rumelhart, James L. McClelland, and the PDP Research Group, *Parallel Distributed Processing: Explorations in the Microstructure of Cognition*, vol. 1: *Foundations* (Cambridge, Mass.: MIT Press, 1986). James L. McClelland, David E. Rumelhart, and the PDP Research Group, *Parallel Distributed Processing: Explorations in the Microstructure of Cognition*, vol. 2: *Psychological and Biological Models* (Cambridge, Mass.: MIT Press, 1986).

11. Stephen P. Stich, *From Folk Psychology to Cognitive Science: The Case against Belief* (Cambridge, Mass.: MIT Press, 1983).
12. Daniel C. Dennett, *The Intentional Stance* (Cambridge, Mass.: MIT Press, 1987).
13. Paul M. Churchland, "The Ontological Status of Intentional States: Nailing Folk Psychology to Its Porch," *Behavioral and Brain Sciences* 11 (1988):507–508.
14. Jerry A. Fodor, *The Language of Thought* (New York: Crowell, 1975). Fodor, *Psychosemantics: The Problem of Meaning in the Philosophy of Mind* (Cambridge, Mass.: MIT Press, 1987).
15. Dennett, *Intentional Stance.*
16. Charles Taylor, *Sources of the Self* (Cambridge, Mass.: Harvard University Press, 1989). And see note 3 above.
17. Lev S. Vygotsky, *Thought and Language* (Cambridge, Mass.: MIT Press, 1962).
18. Geertz, *Interpretation of Cultures,* p. 49.
19. Ibid.
20. John L. Austin, "A Plea for Excuses," in Austin, *Philosophical Papers,* 2nd ed. (Oxford: Clarendon Press, 1970), 175–204.
21. Thomas Nagel, *The View from Nowhere* (New York: Oxford University Press, 1986).
22. Richard Rorty, *Philosophy and the Mirror of Nature* (Princeton: Princeton University Press, 1979).
23. Paul Ricoeur, *Freud and Philosophy: An Essay on Interpretation,* trans. Denis Savage (New Haven: Yale University Press, 1970).
24. Richard E. Nisbett and Lee Ross, *Human Inference: Strategies and Shortcomings of Social Judgment* (Englewood Cliffs, N.J.: Prentice-Hall, 1980).
25. Daniel Kahnemann, Paul Slovic, and Amos Tversky, *Judgment under Uncertainty: Heuristics and Biases* (New York: Cambridge University Press, 1982). Jerome S. Bruner, Jacqueline J. Goodnow, and George A. Austin, *A Study of Thinking* (New York: John Wiley and Sons, 1956).

26. John L. Austin, *How to Do Things with Words* (Cambridge, Mass.: Harvard University Press, 1962).
27. For a particularly searching and well-informed view of this same terrain, see Michael Cole, "Cultural Psychology," in *Nebraska Symposium: 1989* (Lincoln: University of Nebraska Press, forthcoming).
28. G. A. Miller, "The Magical Number Seven, Plus or Minus Two: Some Limits on Our Capacity for Processing Information," *Psychological Review* 63 (1956):81–97.
29. Elaine Scarry, *The Body in Pain: The Making and Unmaking of the World* (New York: Oxford University Press, 1985).
30. Hans Peter Rickman, *Wilhelm Dilthey: Pioneer of the Human Studies* (Berkeley: University of California Press, 1979). Wilhelm Dilthey, *Descriptive Psychology and Historical Understanding* (1911), trans. Richard M. Zaner and Kenneth L. Heiges (The Hague: Nijhoff, 1977).
31. See Goodman, *Of Mind and Other Matters,* for a well-argued statement of the philosophical foundations of this position.
32. Carol Fleisher Feldman, "Thought from Language: The Linguistic Construction of Cognitive Representations," in Jerome Bruner and Helen Haste, eds., *Making Sense: The Child's Construction of the World* (London: Methuen, 1987).
33. Richard Rorty, *Consequences of Pragmatism: Essays, 1972–1980* (Minneapolis: University of Minnesota Press, 1982).
34. Richard Rorty, "Pragmatism, Relativism, and Irrationalism," in *Consequences of Pragmatism*. Quotations from p. 162ff.
35. Howard Gardner, *Frames of Mind: The Theory of Multiple Intelligences* (New York: Basic Books, 1983).
36. James Clifford, *The Predicament of Culture: Twentieth-Century Ethnography, Literature, and Art* (Cambridge, Mass.: Harvard University Press, 1988).
37. See, for example, Sandor Ferenczi, *Thalassa: A Theory of Genitality,* trans. Henry A. Bunker (New York: W. W. Norton, 1968).

38. See Debra Friedman and Michael Hechter, "The Contribution of Rational Choice Theory to Macrosociological Research," *Sociological Theory* 6 (1988):201–218, for a discussion of the applicability of rational choice theory to social decision making generally.
39. I am indebted to Richard Herrnstein for providing this particular example of a "rational anomaly."
40. Taylor, *Sources of the Self*.
41. Edward Sapir, "Culture, Genuine and Spurious," in *Culture, Language and Personality: Selected Essays,* ed. David G. Mandelbaum (Berkeley: University of California Press, 1956), 78–119.
42. B. F. Skinner, *Beyond Freedom and Dignity* (New York: Alfred A. Knopf, 1972).
43. Wolfgang Kohler, *The Place of Value in a World of Facts* (New York: Liveright, 1938).
44. J. Kirk T. Varnedoe, "Introduction," in Varnedoe, ed., *Modern Portraits: The Self and Others* (New York: Columbia University, Department of Art History and Archaeology, 1976).
45. Adrienne Rich, "Invisibility in Academe," quoted in Renato Rosaldo, *Culture and Truth: The Remaking of Social Analysis* (Boston: Beacon Press, 1989), ix.

第2章　文化装置としてのフォークサイコロジー

1. Gerald M. Edelman, *Neural Darwinism: The Theory of Neuronal Group Selection* (New York: Basic Books, 1987). Gerald M. Edelman, *The Remembered Present: A Biological Theory of Consciousness* (New York: Basic Books, 1990). Vernon Reynolds, *The Biology of Human Action,* 2nd ed. (San Francisco: W. H. Freeman, 1980). Roger Lewin, *Human Evolution: An Illustrated Introduction,* 2nd ed. (Boston: Blackwell Scientific Publications, 1989). Nicholas Humphrey, *The Inner Eye* (Boston: Faber and Faber, 1986).

2. Hans Peter Rickman, *Wilhelm Dilthey: Pioneer of the Human Studies* (Berkeley: University of California Press, 1979). Wilhelm Dilthey, *Descriptive Psychology and Historical Understanding* (1911), trans. Richard M. Zaner and Kenneth L. Heiges (The Hague: Nijhoff, 1977).
3. Stephen P. Stich, *From Folk Psychology to Cognitive Science: The Case against Belief* (Cambridge, Mass.: MIT Press, 1983).
4. Claude Lévi-Strauss, *The Savage Mind* (Chicago: University of Chicago Press, 1966). C. O. Frake, "The Diagnosis of Disease among the Subanun of Mindanao," *American Anthropology* 63; rpt. in D. Hymes, ed., *Language in Culture and Society* (New York: Harper and Row, 1964), 193–206. Thomas Gladwin, *East Is a Big Bird: Navigation and Logic on Puluwat Atoll* (Cambridge, Mass.: Harvard University Press, 1970). Edwin Hutchins, "Understanding Micronesian Navigation," in Dedre Gentner and Albert L. Stevens, eds., *Mental Models* (Hillsdale, N.J.: Lawrence Erlbaum Associates, 1983), 191–226.
5. Meyer Fortes, "Social and Psychological Aspects of Education in Taleland," *Africa* 11, no. (1938), supplement. Margaret Mead, *Coming of Age in Samoa* (New York: Morrow, 1928).
6. E. E. Evans-Pritchard, *Nuer Religion* (New York: Oxford University Press, 1974).
7. Harold Garfinkel, *Studies in Ethnomethodology* (Englewood Cliffs, N.J.: Prentice-Hall, 1967). Garfinkel, ed., *Ethnomethodological Studies of Work* (London and New York: Routledge and Kegan Paul, 1986). Fritz Heider, *The Psychology of Interpersonal Relations* (New York: John Wiley and Sons, 1958). Alfred Schutz, *The Problem of Social Reality,* ed. M. Natanson (The Hague: Nijhoff, 1962). Schutz, *On Phenomenology and Social Relations: Selected Writings of Alfred Schutz,* ed. Helmut R. Wagner (Chicago: University of Chicago Press, 1970). A more contemporary, anthropologically oriented view of these matters is presented by Richard A. Shweder, "Cultural Psychology: What Is It?" in J. W. Stigler, R. A. Shweder, and G. Herdt,

eds., *Cultural Psychology: The Chicago Symposium on Culture and Human Development* (New York: Cambridge University Press, 1989).

8. B. F. Skinner, *Beyond Freedom and Dignity* (New York: Alfred A. Knopf, 1972). Stich, *From Folk Psychology to Cognitive Science.*
9. Charles Taylor, *Sources of the Self* (Cambridge, Mass.: Harvard University Press, 1989).
10. André Gide, *Lafcadio's Adventure* (New York: Random House, 1925).
11. Daniel C. Dennett and John C. Haugeland, "Intentionality," in Richard L. Gregory, ed., *The Oxford Companion to the Mind* (Oxford and New York: Oxford University Press, 1987), 383–386.
12. Gladwin, *East Is a Big Bird.*
13. Michelle Rosaldo, "Toward an Anthropology of Self and Feeling," in Richard A. Shweder and Robert A. LeVine, eds., *Culture Theory: Essays on Mind, Self, and Emotion* (Cambridge: Cambridge University Press, 1984), 137–157, p. 139. For background to this paper, see also Michelle Rosaldo, *Knowledge and Passion: Ilongot Notions of Self and Social Life* (Cambridge and New York: Cambridge University Press, 1980); Renato Rosaldo, *Ilongot Headhunting, 1883–1974: A Study in Society and History* (Stanford, Calif.: Stanford University Press, 1980).
14. Hazel Markus and Paula Nurius, "Possible Selves," *American Psychologist* 41 (1986):954–969, p. 954. Nicholas Humphrey and Daniel Dennett, "Speaking for Ourselves: An Assessment of Multiple Personality Disorder," *Raritan: A Quarterly Review* (Spring 1989):68–98. Sigmund Freud, "The Relation of the Poet to Day-Dreaming," in *Collected Papers,* vol. IV, ed. Ernest Jones (London: Hogarth Press, 1950), 173-183.
15. Paul Ricoeur, "The Narrative Function," in Ricoeur, *Hermeneutics and the Human Sciences,* ed. and trans. John B. Thompson (Cambridge: Cambridge University Press, 1981), 277.
16. Carl Hempel, "The Function of General Laws in History," in

Hempel, *Aspects of Scientific Explanation and Other Essays in the Philosophy of Science* (New York: Free Press, 1942). Ricoeur again provides a succinct summary. Hempel argues, he notes, that "any singular events can be deduced from two premisses. The first describes the initial conditions: antecedent events, prevailing conditions, etc. The second asserts a regularity, a universal hypothesis which, when verified, merits the name of law. If the two premisses can be properly established, then the event under consideration can be logically deduced, and is said, thereby, to be explained." Ricoeur, "The Narrative Function," p. 275. Hempel admits, of course, that history has trouble establishing such premisses, that it must work mostly with explanatory sketches. But that is not really the point. The point, rather, is whether sequences and plots are relevant to the historian's task. It is not only W. B. Gallie who objects, but such working historians as, say, Lawrence Stone, who sees the narrative form as one of history's central tools, arguing that history is descriptive and interpretive, rather than analytic and "explanatory." W. B. Gallie, *Philosophy and Historical Understanding* (New York: Schocken Books, 1964); Lawrence Stone, "The Revival of Narrative: Reflections on a New Old History," *Past and Present* 85 (1979):3–24. Stone insists, besides, that history must be involved in a "rhetoric" through which "pregnant principles" are argued as demonstrative in the particulars—as when Thucydides seeks to show the sequence of events through which the Peloponnesian War had disastrous effects on Greek society and *polis*.

17. Albert Lord, *The Singer of Tales,* Harvard Studies in Comparative Literature, 24 (Cambridge, Mass.: Harvard University Press, 1960). Northrop Frye, *Anatomy of Criticism: Four Essays* (Princeton: Princeton University Press, 1957). Ricoeur, "The Narrative Function," p. 287.

18. C. G. Jung, *Collected Works,* vol. 9, pt. I: *Archetypes and the Collective Unconscious* (New York: Bollingen, 1959).

19. Aristotle, *Poetics,* trans. James Hutton (New York: Norton, 1982). Ricoeur, "The Narrative Function," pp. 288, 292.
20. "A sign, or *representamen,* is something which stands to somebody for something in some respect or capacity. It addresses somebody, that is, creates in the mind of that person an equivalent sign, or perhaps a more developed sign. That sign which it creates I call the *interpretant* of the first sign. The sign stands for something, its *object*. It stands for the object, not in all respects, but in reference to a sort of idea, which I have sometimes called the *ground* of the representamen. 'Idea' is here to be understood in a sort of Platonic sense very familiar in everyday talk; I mean in that sense in which we say that one man catches another man's idea." C. S. Peirce, *Collected Papers of Charles Sanders Peirce,* vol. 2 (Cambridge, Mass.: Harvard University Press, 1960), 228.
21. Why the expectable or the usual should thus be endowed with "value" or legitimacy is an interesting question. Perhaps the most interesting answer has been offered by G. W. Allport, *Personality: A Psychological Interpretation* (New York: Henry Holt and Company, 1937), in his theory of "functional autonomy." He proposed that habits, once established, take on the role of motives: the seasoned sailor develops a desire to go to sea, and so on. William James makes the same point in his celebrated chapter "Habit" in *The Principles of Psychology* (Cambridge, Mass.: Harvard University Press, 1983). Emile Durkheim is probably making a similar point in proposing that a community's shared beliefs achieve not only "exteriority" but also constraint in the sense of regulating desire. Durkheim, *The Elementary Forms of the Religious Life,* trans. Joseph Ward Swain (New York: Collier Books, 1961).
22. Roger G. Barker, *Habitats, Environments, and Human Behavior* (San Francisco: Jossey-Bass, 1978).
23. H. Paul Grice, *Studies in the Way of Words* (Cambridge, Mass.: Harvard University Press, 1989).

24. Kenneth Burke, *A Grammar of Motives* (New York: Prentice-Hall, 1945). I am indebted to David Shulman of the Institute of Asian and African Studies of the Hebrew University of Jerusalem for pointing out what may be an ethnocentric bias in this account. He raises the interesting question whether Kenneth Burke's account of the rhetoric of narrative may not be too "homeostatic" to be universal. "One could imagine—well, in fact there's no reason to imagine, since examples do exist in India—a narrative that begins with an initial imbalance or disharmony, proceeds to resolve it, and then concludes by restoring the original problematic state. Closure would then be a restatement of some dynamic, perhaps spiralling cycle of transformation. What comes to mind is the *Sakuntala* of Kalidasa, the most famous drama in Sanskrit literature: while Sanskrit poetics handles this play in a different way (more stable and integrated closure), my own reading of it would be something like I've outlined here. Incidentally, the ramifications for cognition are explicitly brought to the surface in the final act of this work, where the protagonist compares his own mental universe to that of a man who, while staring at a real elephant that is standing right in front of him, says, 'This is *not* an elephant'; and only later, as the elephant begins to move away, does a slight doubt arise in his mind; until finally, when the elephant has disappeared, the man observes the footprints it left behind and declares with certainty, 'An elephant *was* here' " (personal letter, 15 December 1989). It may well be that Burke's "dramatism" could be conceived (as Shulman implies) as a circle or cycle and that, depending upon tradition, one could start at any point in the cycle, the only requirement being that the story run the full cycle round. For a further discussion of this point, see Victor Turner, *From Ritual to Theatre: The Human Seriousness of Play* (New York: Performing Arts Journal Publications, 1982).

25. Hayden White, "The Value of Narrativity in the Representation of Reality," in W. J. T. Mitchell, ed., *On Narrative* (Chicago: University of Chicago Press, 1981), 1–24.
26. Jerome Bruner, *Actual Minds, Possible Worlds* (Cambridge, Mass.: Harvard University Press, 1986).
27. Erich Kahler, *The Inward Turn of Narrative,* trans. Richard Winston and Clara Winston (Princeton: Princeton University Press, 1973).
28. Erich Auerbach, *Mimesis: The Representation of Reality in Western Literature,* trans. Willard R. Trask (Princeton: Princeton University Press, 1953).
29. Wolfgang Iser, *The Act of Reading: A Theory of Aesthetic Response* (Baltimore: Johns Hopkins University Press, 1978). Iser's more recent *Prospecting: From Reader Response to Literary Anthropology* (Baltimore: Johns Hopkins University Press, 1989) develops this point more fully.
30. Jean Mandler, *Stories, Scripts, and Scenes: Aspects of Schema Theory* (Hillsdale, N.J.: Lawrence Erlbaum Associates, 1984).
31. John Shotter, "The Social Construction of Forgetting and Remembering," in David Middleton and Derek Edwards, eds., *Collective Memory* (London: Sage Publications, 1990), 120–138.
32. The books in question, of course, are F. C. Bartlett, *Psychology and Primitive Culture* (Cambridge: Cambridge University Press, 1923), and his classic *Remembering: A Study in Experimental and Social Psychology* (Cambridge: Cambridge University Press, 1932). Mary Douglas makes her claim in her *How Institutions Think* (London: Routledge and Kegan Paul, 1987), p. 25.
33. Bartlett, *Remembering,* p. 255.
34. Cynthia Fuchs Epstein, *Deceptive Distinctions: Sex, Gender, and the Social Order* (New Haven: Yale University Press, 1988).
35. Bartlett, *Remembering,* p. 21.
36. Iser, *The Act of Reading.*

37. Marx cited by Oliver Sacks in his introduction to A. R. Luria, *The Man with a Shattered Mind: The History of a Brain Wound* (Cambridge, Mass.: Harvard University Press, 1987).
38. For a useful discussion of the limits of sense and reference in defining meaning, see Umberto Eco, Marco Santambrogio, and Patrizia Violi, eds., *Meaning and Mental Representations* (Bloomington: Indiana University Press, 1988).
39. See particularly Marco Santambrogio and Patrizia Violi, "Introduction," in Eco, Santambrogio, and Violi, *Meaning and Mental Representations*, 3–22.
40. Roy Harris, "How Does Writing Restructure Thought?" *Language and Communication* 9 (1989):99–106.
41. John L. Austin, *How to Do Things with Words* (Cambridge, Mass.: Harvard University Press, 1962). Ludwig Wittgenstein, *The Blue and Brown Books* (New York: Harper and Row, 1958). Wittgenstein, *Philosophical Investigations,* trans. G. E. M. Anscombe (New York: Macmillan, 1953).
42. H. Paul Grice, *Studies in the Way of Words* (Cambridge, Mass.: Harvard University Press, 1989). For a concise discussion, see Stephen C. Levinson, *Pragmatics* (Cambridge and New York: Cambridge University Press, 1983).
43. Bartlett, *Remembering*. Roger Schank and Robert Abelson, *Scripts, Plans, Goals, and Understanding* (Hillsdale, N.J.: Lawrence Erlbaum Associates, 1977), 70. T. A. Van Dijk, *Macrostructures: An Interdisciplinary Study of Global Structures in Discourse, Interaction, and Cognition* (Hillsdale, N.J.: Lawrence Erlbaum Associates, 1980), 233–235.
44. Elizabeth W. Bruss, *Beautiful Theories: The Spectacle of Discourse in Contemporary Criticism* (Baltimore: Johns Hopkins University Press, 1982). Iser, *The Act of Reading*. Philippe Lejeune, *On Autobiography,* trans. Katherine Leary (Minneapolis: University of Minnesota Press, 1989).

第3章　意味への参入

1. David Premack and G. Woodruff, "Does the Chimpanzee Have a Theory of Mind?" *Behavioral and Brain Sciences* 1 (1978): 515–526.
2. Claude Lévi-Strauss, *Structural Anthropology* (New York: Basic Books, 1963).
3. See Chapter 2, note 20.
4. See, for example, Noam Chomsky, *Language and Mind* (New York: Harcourt, Brace and World, 1968).
5. The reader interested in pursuing this issue further is referred to the thoughtful accounts of, for example: Derek Bickerton, *Roots of Language* (Ann Arbor, Mich.: Karoma, 1981); Steven Pinker, *Learnability and Cognition* (Cambridge, Mass.: MIT Press, 1989); Dan Isaac Slobin, ed., *The Crosslinguistic Study of Language Acquisition,* 2 vols. (Hillsdale, N.J.: Lawrence Erlbaum Associates, 1985); Kenneth Wexler and Peter W. Culicover, *Formal Principles of Language Acquisition* (Cambridge, Mass.: MIT Press, 1980).
6. A sample of volumes stimulated by Austin's *How to Do Things with Words* would include Jerome S. Bruner, *Child's Talk: Learning to Use Language* (New York: W. W. Norton, 1983); Herbert H. Clark and Eve V. Clark, *Psychology and Language: An Introduction to Psycholinguistics* (New York: Harcourt Brace Jovanovich, 1977); M. A. K. Halliday, *Learning How to Mean* (London: Arnold, 1975); and P. M. Greenfield and J. Smith, *The Structure of Communication in Early Language Development* (New York: Academic Press, 1976).
7. See, for example, Robert A. Hinde, *Individuals, Relationships and Culture: Links between Ethology and the Social Sciences* (Cambridge: Cambridge University Press, 1987), and Frank A. Beach, ed., *Human Sexuality in Four Perspectives* (Baltimore: Johns Hopkins University Press, 1977).

8. J. S. Bruner and Carol F. Feldman, "Where Does Language Come From?" (review of Derek Bickerton, *The Roots of Language*), *New York Review of Books,* no. 29 (June 24, 1982): 34–36.
9. Nicholas Humphrey, *The Inner Eye* (Boston: Faber and Faber, 1986). Roger Lewin, *In the Age of Mankind* (Washington, D.C.: Smithsonian Books, 1988).
10. A. Whiten and R. W. Byrne, "Tactical Deception in Primates," *Behavioral and Brain Sciences* 11 (1988):233–273. R. W. Mitchell, "A Framework for Discussing Deception," in R. W. Mitchell and N. S. Thompson, *Deception: Perspectives on Human and Non-human Deceit* (Albany: State University of New York Press, 1986).
11. M. Chandler, A. S. Fritz, and S. Hala, "Small-Scale Deceit: Deception as a Marker of Two-, Three-, and Four-year-olds' Theories of Mind," *Child Development* 60 (1989):1263.
12. See, for example, J. W. Astington, P. L. Harris, and D. R. Olson, eds., *Developing Theories of Mind* (New York: Cambridge University Press, 1988).
13. This finding was originally reported by H. Wimmer and J. Perner, "Beliefs about Beliefs: Representation and Constraining Function of Wrong Beliefs in Young Children's Understanding of Deception," *Cognition* 13 (1983):103–128. It has been replicated many times. See Astington, Harris, and Olson, eds., *Developing Theories of Mind.*
14. Chandler, Fritz, and Hala, "Small-Scale Deceit," 1275.
15. M. Scaife and J. S. Bruner, "The Capacity for Joint Visual Attention in the Infant," *Nature* 253 (1975):265–266. George Butterworth and M. Castillo, "Coordination of Auditory and Visual Space in Newborn Human Infants," *Perception* 5 (1976): 155–160. A. Ninio and J. S. Bruner, "The Achievement and Antecedents of Labelling," *Journal of Child Language* 5 (1978):1–15.

16. Halliday, *Learning How to Mean*.
17. I am aware that the more usual claim is that grammatical forms are mastered according to their "syntactical" or "computational" simplicity—the shallower the derivational depth or the simpler the computation, the easier learned. For one view see Kenneth Wexler and Peter W. Culicover, *Formal Principles of Language Acquisition* (Cambridge, Mass.: MIT Press, 1980); for another, Steven Pinker, *Language Learnability and Language Development* (Cambridge: Cambridge University Press, 1984). Such an idea may be formally attractive, but all examples thus far proposed exhibit the same fatal flaw. There is no way of establishing "simplicity" or "computability" independently of one's theory of grammar or computation. The test of the "theory," accordingly, is self-determined by the theory one is testing. The general effort is reminiscent of the early effort to establish the greater "simplicity" of "untransformed" sentences as compared to those "transformed" by negative, passive, or query transformations—the simpler requiring less mental processing time than the more complex. Not only were the predictions wrong; they were deeply and incorrigibly so. They failed, for example, to take context into account in their view of "sentence processing" and could not even begin to explain why negatively transformed sentences, encountered in a "context of plausible denial," were much more quickly comprehended than ordinary, untransformed indicative ones of the same number of elements. See P. C. Wason, "The Contexts of Plausible Denial," *Journal of Verbal Learning and Verbal Behavior* 4 (1965):7–11. Also see Nelson Goodman's discussion of "simplicity" in his *The Structure of Appearance* (Cambridge, Mass.: Harvard University Press, 1951).
18. Roger Brown, *A First Language: The Early Stages* (Cambridge, Mass.: Harvard University Press, 1973).
19. At least one distinguished linguist, Charles Fillmore, has even

gone so far as to speculate that case grammar in terms of which language is organized—the familiar classes of agent, action, patient, object, direction, location, and the like—is an abstract linguistic rendering of some prior conceptual grasp of the "arguments of action" that serve to organize our experience about human activity. See Charles Fillmore, "The Case for Case," in E. Bach and R. T. Harms, eds., *Universals in Linguistic Theory* (New York: Holt, Rinehart, and Winston, 1968), 1–88, and Fillmore, "The Case for Case Reopened," in P. Cole and J. M. Sadock, eds., *Syntax and Semantics: Grammatical Relations,* vol. 8 (New York and London: Academic Press, 1977), 59–81.

20. See, for example, J. S. Bruner, "Pacifier-Produced Visual Buffering in Human Infants," *Developmental Psychobiology* 6 (1973): 45–51. William Kessen, P. Salapatek, and M. Haith, "Visual Response of Human Newborn to Linear Contour," *Journal of Experimental Child Psychology* 13 (1972):9–20. I. Kalnins and J. S. Bruner, "The Coordination of Visual Observation and Instrumental Behavior in Early Infancy," *Perception* 2 (1973):307–314. Kathleen M. Berg, W. Keith Berg, and Frances K. Graham, "Infant Heart Rate Response as a Function of Stimulus and State," *Psychophysiology* 8 (1971):30–44.

21. "Markedness," in *Selected Writings of Roman Jakobson,* vol. 8, ch. 2, pt. 4 (Berlin, New York, Amsterdam: Mouton De Gruyter, 1988). Greenfield and Smith, *The Structure of Communication in Early Language Development.*

22. Willem J. M. Levelt, *Speaking: From Intention to Articulation* (Cambridge, Mass.: MIT Press, 1989). Joseph H. Greenberg, ed., *Universals of Human Language* (Stanford, Calif.: Stanford University Press, 1978). Brown, *A First Language.*

23. Daniel N. Stern, *The First Relationship: Infant and Mother* (Cambridge, Mass.: Harvard University Press, 1977). See also Olga K. Garnica, "Some Prosodic and Paralinguistic Features

of Speech to Young Children," in Catherine E. Snow and Charles A. Ferguson, eds., *Talking to Children: Language Input and Acquisition* (Cambridge and New York: Cambridge University Press, 1977), 63–88, and Ann Fernald et al., "A Cross-Language Study of Prosodic Modifications in Mothers' and Fathers' Speech to Preverbal Infants," *Journal of Child Language,* in press.

24. A. R. Luria, *The Role of Speech in the Regulation of Normal and Abnormal Behavior* (New York: Liveright, 1961). Margaret Donaldson, *Children's Minds* (New York: Norton, 1978). V. Propp, *The Morphology of the Folktale* (Austin: University of Texas Press, 1968).

25. Chandler, Fritz, and Hala, "Small-Scale Deceit."

26. Personal communication.

27. Peggy J. Miller, *Amy, Wendy, and Beth: Learning Language in South Baltimore* (Austin: University of Texas Press, 1982). Peggy J. Miller and Linda L. Sperry, "The Socialization of Anger and Aggression," *Merrill-Palmer Quarterly* 33 (1987): 1–31. Peggy J. Miller and Linda L. Sperry, "Early Talk about the Past: The Origins of Conversational Stories of Personal Experience," *Journal of Child Language* 15 (1988):293–315. Peggy J. Miller, "Personal Stories as Resources for the Culture-Acquiring Child," paper presented at Society for Cultural Anthropology, Phoenix, Arizona, November 18, 1988.

28. See Peggy J. Miller and Barbara Byhouwer Moore, "Narrative Conjunctions of Care-Giver and Child: A Comparative Perspective on Socialization through Stories," *Ethos* 17, no. 4 (1989):428–449. The narrative form in question was first described by W. Labov and J. Waletzky, "Narrative Analysis: Oral Versions of Personal Experience," in J. Helm, ed., *Essays in the Verbal and Visual Arts* (Seattle: University of Washington Press, 1967), 12–44.

29. Shirley Brice Heath, *Ways with Words: Language, Life, and*

Work in Communities and Classrooms (Cambridge and New York: Cambridge University Press, 1983).
30. Miller and Moore, "Narrative Conjunctions of Care-Givers and Child," 436.
31. Heath, *Ways with Words*.
32. Judy Dunn, *The Beginnings of Social Understanding* (Cambridge, Mass.: Harvard University Press, 1988), p. 5.
33. Kenneth Burke, *A Grammar of Motives* (New York: Prentice-Hall, 1945).
34. John L. Austin, "A Plea for Excuses," in Austin, *Philosophical Papers,* 2nd ed. (Oxford: Clarendon Press, 1970), 175–204.
35. Katherine Nelson, ed., *Narratives from the Crib* (Cambridge, Mass.: Harvard University Press, 1989).
36. Vladimir Propp, *Theory and History of Folklore,* trans. Ariadna Y. Martin and Richard P. Martin (Minneapolis: University of Minnesota Press, 1984).
37. Ruth Weir, *Language in the Crib* (The Hague: Mouton, 1962).
38. Labov and Waletzky, "Narrative Analysis."
39. Carol Fleisher Feldman, "Monologue as Problem-solving Narrative," in Nelson, ed., *Narratives from the Crib.*
40. Michelle Rosaldo, *Knowledge and Passion: Ilongot Notions of Self and Social Life* (Cambridge and New York: Cambridge University Press, 1980).
41. Frans de Waal, *Peacemaking among Primates* (Cambridge, Mass.: Harvard University Press, 1989).
42. Milan Kundera, *The Book of Laughter and Forgetting,* trans. Michael Henry Heim (New York: Alfred A. Knopf, 1980). Kundera, *The Unbearable Lightness of Being,* trans. Michael Henry Heim (New York: Harper and Row, 1984). Danilo Kis, *A Tomb for Boris Davidovich,* trans. Duska Mikic-Mitchell (New York: Harcourt Brace Jovanovich, 1978).
43. Ronald Dworkin, *Law's Empire* (Cambridge, Mass.: Harvard University Press, 1986). For further adumbration of the role

of narrative in the law, see *Michigan Law Review* 87, no. 8 (August 1989), an issue given over entirely to the topic of "Legal Storytelling." I am particularly indebted to Martha Minow of the Harvard Law School for bringing this work to my attention, and also to Peggy Davis, David Richards, and Tony Amsterdam of the New York University Law School for discussing its significance with me.

第4章　自伝と自己

1. Edwin G. Boring, *The Physical Dimensions of Consciousness* (New York: Dover, 1963).
2. The "realism" of Self is probably built into folk psychology as a spinoff of the notion of agency. It is surely built into English language usage, though in a strikingly idiosyncratic way. We say "Control yourself." But we do not say "bring yourself to dinner next Wednesday." And typically, we permit Self to be both subject and object of sentences with mental as with action verbs: It is permissible to say that "you cut yourself," where the final term conventionally translates into some part of the body; but it is equally permissible to say "you doubt yourself," which after all is a tall order of folk metaphysics for a language to accept without cavil. The middle case is occupied by such expressions as "I hurt myself" rather than simply "I hurt." But in this instance the two forms are usually used to distinguish the punctate from the durative. So far as I have been able to determine, there has been no fully systematic study of the linguistic and cognitive prerequisites for the use of personal pronouns as reflexive predicates. One is surely needed. But for some interesting reflections on the embodiment of self-realism in such usage, see Peter Strawson, *Individuals* (London: Methuen, 1959); George A. Miller and Philip N. Johnson-Laird, *Language and Perception* (Cambridge, Mass.: Belknap Press of Harvard Uni-

versity Press, 1976); and Bernard Williams, *Problems of the Self* (Cambridge: Cambridge University Press, 1973).
3. William James, *Principles of Psychology* (New York: Macmillan, 1890).
4. See Hazel Markus and Paula Nurius, "Possible Selves," *American Psychologist* 41 (1986):954–969. Other, somewhat similar models of self have been proposed. Examples include Anthony R. Pratkanis, Steven J. Breckler, and Anthony G. Greenwald, eds., *Attitude Structure and Function* (Hillsdale, N.J.: Lawrence Erlbaum Associates, 1989); Robbie Case, *Intellectual Development: Birth to Adulthood* (Orlando: Academic Press, 1985); Tory E. Higgins, "Self-Discrepancy: A Theory Relating Self and Affect," *Psychological Review* 94 (1987):319–340.
5. It is well instantiated in the work of Richard Rorty: *Consequences of Pragmatism* (Minneapolis: University of Minnesota Press, 1982); *Philosophy and the Mirror of Nature* (Princeton: Princeton University Press, 1979). The "sleeper effect" of Nietzsche's perspectivalism is discussed in Alexander Nehamas, *Nietzsche: Life as Literature* (Cambridge, Mass.: Harvard University Press, 1985). But the impact of perspectivalism on psychology also stems from the antirealism in Ernst Mach, *The Analysis of Sensations, and the Relation of the Physical to the Psychical* (Chicago: Open Court, 1914). Karl Popper's skepticism also had a strong impact—e.g., *Objective Knowledge: An Evolutionary Approach* (Oxford: Clarendon Press, 1972)—as of course did Thomas Kuhn's discussion of paradigm shifts in science in *The Structure of Scientific Revolutions* (Chicago: University of Chicago Press, 1962). My own generation even had a "cult text" on the matter: Hans Vaihinger's *The Philosophy of 'As If': A System of the Theoretical, Practical, and Religious Fictions of Mankind*, 2nd ed., trans. C. K. Ogden (London: Routledge and Kegan Paul, 1935). Percy Bridgman's operationism also went a long way toward undermining the simplistic naive realism of

earlier science: *The Logic of Modern Physics* (New York: Macmillan, 1927).

6. George Herbert Mead, *Mind, Self, and Society* (Chicago: University of Chicago Press, 1934).
7. One may note the parallel development of this idea in the work of Mikhail Bakhtin on "heteroglossia"—*The Dialogic Imagination: Four Essays,* ed. Michael Holquist (Austin: University of Texas Press, 1981)—and of Lev Vygotsky on the "internalization" of dialogue in the creation of "inner speech" and thought—*Thought and Language* (Cambridge, Mass.: MIT Press, 1962).
8. Ruth C. Wylie, *The Self-Concept,* vol. 1: *A Review of Methodological Considerations and Measuring Instruments* (Lincoln: University of Nebraska Press, 1974); vol. 2: *Theory and Research on Selected Topics* (Lincoln: University of Nebraska Press, 1979). Also Wylie, *Measures of Self-Concept* (Lincoln: University of Nebraska Press, 1989).
9. K. Lewin, T. Dembo, L. Festinger, and P. Sears, "Level of Aspiration," in J. McV. Hunt, ed., *Personality and the Behavior Disorders* (New York: Ronald, 1944).
10. See Clark L. Hull, *Principles of Behavior* (New York: Appleton-Century, 1943); Edward C. Tolman, *Purposive Behavior in Animals and Men* (New York: Appleton-Century, 1932).

    A comparably deep division separated those theories of learning which fall under the rubric of "conditioning." Pavlov studied salivating in harnessed dogs who had just heard a sound or light that presaged delivery of a bit of food. That came to be called "classical conditioning." B. F. Skinner, rejecting such a passive approach, introduced the idea of an "operant response"—a pigeon pecking, say, at a button discriminately marked one way when it would deliver a grain of corn, and not so marked when it would not. Skinner's operant and Pavlov's classical conditioning, of course, yield very different pictures of what learning is like. The former is replete with inhibition and disinhibition, spread of excitation, and so on. The latter concerns itself with the conditions that increase or decrease the likelihood of a response.

Karl Zener demonstrated that if you let Pavlovian dogs out of their harness and let them wander about the laboratory, the onset of conditioned salivation was quite different from the way it had been found to work in the rigid conditions of the Moscow Institute. If getting back to the food tray required some tricky detouring, for example, the dogs seemed to have other things than salivating on their "minds." Then Hobart Mowrer demonstrated that classical and operant conditioning operated under different conditions, the former for autonomically mediated behavior, the latter for more "voluntary" responses.

It was to Tolman's credit that he eventually published a classic paper entitled "There Is More than One Kind of Learning," *Psychological Review* 56 (1949):144–155. But the "paradigm locking" persisted, for each theorist conceived the *basic* form of learning to be the one generated by his or her experimental paradigm, with the upsetting exception to be "explained away."

The distinction between "map room" and "switchboard" theories is discussed in Tolman's "Cognitive Maps in Rats and Men," *Psychological Review* 55 (1948):189–208.

11. Typical studies of this type include those reported in Neal E. Miller, "Experimental Studies in Conflict," in J. McV. Hunt, ed., *Personality and the Behavior Disorders* (New York: Ronald, 1944); and such specific research studies as O. Hobart Mowrer, "Anxiety Reduction and Learning," *Journal of Experimental Psychology* 27 (1940):497–516; Edward C. Tolman, "A Stimulus-Expectancy Need-Cathexis Psychology," *Science* 101 (1945): 160–166; John Dollard and N. E. Miller, *Personality and Psychotherapy* (New York: McGraw-Hill, 1950).

12. A typical example from this period was George A. Kelly's two-volume *The Psychology of Personal Constructs* (New York: Norton) which appeared in 1955, a year before the by-now-standard date for the "opening" of the cognitive revolution. I reviewed it in *Contemporary Psychology* 1, no. 12 (1956):355–358, and hailed it as the first "effort to construct a theory of personality from a theory of knowledge: how people come to know the world by binding its diverse appearances into organized construct systems" (p. 355).

13. See Roy Pea and D. M. Kurland, "On the Cognitive Effects of Learning Computer Programming," *New Ideas in Psychology* 2 (1984):137–168; R. Pea, "Distributed Intelligence and Education," in D. Perkins, J. Schwartz, and M. M. West, eds., *Teaching for Understanding in the Age of Technology* (in preparation); D. N. Perkins, "Person Plus: A Distributed View of Thinking and Learning," paper delivered at the Symposium on Distributed Learning at the annual meeting of the A.E.R.A., Boston, April 18, 1990. While the notion of distributed learning has, as it were, been around for a long time—anthropologists particularly have been mindful of it as, too, has Michael Cole, as in his "Cultural Psychology: A Once and Future Discipline," in J. J. Berman, ed., *Nebraska Symposium on Motivation, 1989: Cross-Cultural Perspectives* (Lincoln: University of Nebraska Press, forthcoming)—the idea has been given new force in its application to man's relation to new informational technologies. See, particularly, John Seeley Brown, Alan Collins, and P. Duguid, "Situated Cognition and the Culture of Learning," *Educational Researcher* 18:32–42.

14. Ann L. Brown, "Distributed Expertise in the Classroom," paper delivered at the Symposium on Distributed Learning at the A.E.R.A., Boston, 1990. For a fuller account of this work, see also Ann Brown and Joseph Campione, "Communities of

Learning and Thinking: Or a Context by Any Other Name," *Human Development,* forthcoming. The quotation is from Perkins, "Person Plus," p. 24.

15. Of course it was also contextual considerations that shut down the amphitheater of "animal learning" in which battles over learning theory were classically fought. The ethologists made it clear that in an evolutionary sense learning was geared to particular conditions in the environments of particular species. It could not be treated in isolation, separate from habitats and from instinctual predispositions that had been selected in evolution to match those habitats. Learning, whatever form it might take, was always biased and filtered in terms of those predispositions which had been selected by evolution, and one could not take account of it without specifying a great deal more than that an animal was "exposed" to a particular environment. So again, learning and the learner could not be isolated from the animal's habitat or, for that matter, from the evolutionary history that had made the habitat "adaptive" to the animal's predispositions. See, particularly, Niko Tinbergen, *The Animal in Its World,* vols. 1 and 2 (London: George Allen and Unwin, 1972, 1973).

16. I do not mean to imply that the idea of "distributive" thinking had been absent from psychology altogether. Vygotsky had some such notion in mind in his formulation of pedagogy and in the role he assigned history in the shaping of thought (see his *Thought and Language*). David Wood and I were also groping for a way of characterizing the "scaffolding" of intellectual activity that takes place in knowledge exchanges: Wood, Bruner, and Gail Ross, "The Role of Tutoring in Problem Solving," *Journal of Child Psychology and Psychiatry* 17 (1976):89–100. And a distributional view early characterized the work of Michael Cole and Sylvia Scribner, e.g., *Culture and Thought: An Introduction* (New York: Wiley, 1974).

17. Karl Joachim Weintraub, *The Value of the Individual: Self and Circumstance in Autobiography* (Chicago: University of Chicago Press, 1978); E. R. Dodds, *The Greeks and the Irrational* (Berkeley: University of California Press, 1951); Michelle Rosaldo, *Knowledge and Passion: Ilongot Notions of Self and Social Life* (Cambridge and New York: Cambridge University Press, 1980); and Fred Myers, *Pintupi Country, Pintupi Self* (Washington: Smithsonian Institution Press, 1986). Four volumes of *A History of Private Life* have been published to date by Harvard University Press: the first in 1987 under the editorship of Paul Veyne, *From Pagan Rome to Byzantium*; the second in 1988 by Georges Duby, *Revelations of the Medieval World*; the third in 1989 by Roger Chartier, *Passions of the Renaissance*; the fourth in 1990 by Michelle Perrot, *From the Fires of Revolution to the Great War*. One more is in preparation.

18. Lee J. Cronbach, *Designing Evaluations of Educational and Social Programs* (San Francisco: Jossey-Bass, 1982), p. I.08.

19. See Kenneth J. Gergen, *Toward Transformation in Social Knowledge* (New York: Springer-Verlag, 1982), pp. 17ff. The original research is reported in several papers referred to in that volume, particularly Gergen and M. G. Taylor, "Social Expectancy and Self-Presentation in a Status Hierarchy," *Journal of Experimental Social Psychology* 5 (1969):79–92; and S. J. Morse and K. J. Gergen, "Social Comparison, Self-Consistency, and the Presentation of Self," *Journal of Personality and Social Psychology* 16 (1970):148–159.

20. Gergen, *Toward Transformation in Social Knowledge*, p. 18.

21. Gergen, of course, was influenced in this view by Bartlett's *Remembering*, discussed in Chapter 2.

22. Kenneth Gergen, "Social Psychology as History," *Journal of Personality and Social Psychology* 26 (1973):309–320.

23. I do not say this critically. One of the objectives of the early cognitive "revolutionaries" was to replace the mindless image

of man that had emerged during the long reign of behaviorism. Indeed, I was among those rationalists, as witness the central importance of the concept of strategy in Bruner, J. J. Goodnow, and G. A. Austin, *A Study of Thinking* (New York: Wiley, 1956).

24. Among the critical publications that set the climate for that period were, surely, the following: W. J. T. Mitchell, ed., *On Narrative* (Chicago: University of Chicago Press, 1981); Paul Rabinow and William Sullivan, eds., *Interpretive Social Science: A Reader* (Berkeley: University of California Press, 1979); Clifford Geertz, *Interpretation of Cultures* (New York: Basic Books, 1973); Richard Rorty, *Philosophy and the Mirror of Nature* (Princeton: Princeton University Press, 1979); and the writings of such French post-structuralist critics as Roland Barthes and Michel Foucault.

25. Donald Spence, *Narrative Truth and Historical Truth: Meaning and Interpretation in Psychoanalysis* (New York: Norton, 1984). As a matter of historical interest, it is very plain that Roland Barthes had a strong influence on Spence's formulation: his word is cited in support of Spence's central idea of the role of alternative codes in interpretation.

26. Spence intends by "code" something approximating Roland Barthes's idea of various semiotic codes, discussed at length in Barthes's book *Image, Music, Text* (New York: Hill and Wang, 1977), codes that extract different kinds of meanings from a text. But Spence was by no means trying to expunge from psychoanalysis the idea of "real" or "archaeological" memories. Narrative truths, rather, represent (in the classical psychoanalytic sense) compromises that result from "the conflict between what is true and what is tellable" (*Narrative Truth*, p. 62). Indeed, Spence's stand on the "reality" of untellable memories suggests that, while he is a "heuristic constructivist" where memory is concerned, he is by no means willing to give up a

positivist's belief in the existence of "real" memories. This places him in an anomalous position with respect to classic psychoanalysts who, in the main, accuse him of jettisoning the "reality" of an id in which traumatic memories are stored, indeed, like well-preserved archaeological specimens.

27. Spence, *Narrative Truth,* p. 63.
28. David Polonoff, "Self-Deception," *Social Research* 54 (1987): 53. A view very similar to Polonoff's is also widespread in contemporary autobiographical theory. For a particularly lucid exposition of it, see Janet Varner Dunn, *Autobiography: Toward a Poetics of Experience* (Philadelphia: University of Pennsylvania Press, 1982).
29. Roy Schafer, "Narration in the Psychoanalytic Dialogue," in W. J. T. Mitchell, ed., *On Narrative* (Chicago: University of Chicago Press, 1981), p. 31.
30. Ibid., p. 38.
31. See, for example, the collection of papers in Theodore G. Sarbin's edited volume *Narrative Psychology: The Storied Nature of Human Conduct* (New York: Praeger, 1986). A striking instance of this new approach is contained in Michelle Rosaldo's *Knowledge and Passion,* discussed in Chapter 2. In certain respects, this new "interpretivist" trend can be traced back to George Herbert Mead, particularly to his *Mind, Self, and Society* (Chicago: University of Chicago Press, 1934). But in certain other respects, Mead was so wedded to the classic late-nineteenth-century view of the interaction of "organism" and "environment" that it is better, in my opinion, to consider him as a closing chapter on conceptualism in the late history of positivism than as an opening chapter in the new interpretivism. See, for example, Mead's discussion of "Organism, Community, and Environment" in *Mind, Self, and Society,* pp. 245ff.
32. Clifford Geertz, "From the Native's Point of View: On the Nature of Anthropological Understanding," in P. Rabinow and

W. M. Sullivan, eds., *Interpretive Social Science* (Berkeley: University of California Press, 1979), pp. 225–241, quotation on p. 229. It is interesting that a decade later E. E. Sampson begins a discussion entitled "The Deconstruction of the Self" with Geertz's rejection almost as an epigraph: see Sampson in John Shotter and Kenneth Gergen, eds., *Texts of Identity* (London: Sage, 1989).

33. A recent and excellent example is Sidonie Smith, *A Poetics of Women's Autobiography: Marginality and the Fictions of Self-Representation* (Bloomington: Indiana University Press, 1987).
34. See Elliot G. Mishler, "The Analysis of Interview-Narratives," in Theodore R. Sarbin, ed., *Narrative Psychology: The Storied Nature of Human Conduct* (New York: Praeger, 1986). For a fuller account of some of the techniques used in analyzing such interview-narratives, see Mishler, *Research Interviewing: Context and Narrative* (Cambridge, Mass.: Harvard University Press, 1986).
35. Donald Polkinghorne, *Narrative Knowing and the Human Sciences* (Albany: SUNY Press, 1988), p. 150.
36. Psychologists, even quite philosophically sophisticated ones, have always been extremely chary of "historical explanation." I think this chariness stems from a common misconception about the difference between "explanation" in the causal sense discussed in the first two chapters, and "interpretation" in the historical or cultural sense. An interesting contrast is provided by two psychologists of the past generation—Kurt Lewin and Lev Vygotsky. In a celebrated essay entitled "Aristotelian and Galilean Modes of Thought"—see his *Dynamic Theory of Personality* (New York: McGraw-Hill, 1935)—Lewin condemns historical "causation" as necessarily "teleological" and as involving "action at a distance." What determines behavior *now* is what is present in the "behavioral field" of the individual actor at the time of action. This "Galilean" idea was, in his view, the source

of the great success of the physical sciences. Doubtless there is a sense in which the same ideal would be relevant to the human sciences—that we should not invoke "tradition" without some specification of how the tradition in question is *represented* in the hearts and minds of the participants in an act going on here and now. But the manner in which an enduring tradition operates to define and alter meanings in the here and now is *not* the same as the way in which a field of forces reflects the resultants of physical events that created it.

Vygotsky, of course, followed a quite different route. He proposed that the method of psychology, however experimental and empirical it might become, was necessarily "cultural-historical" at its root. For the tools and instruments that human beings employ in the "enablement of mind" are essentially cultural tools that were transformed historically by the circumstances of social and economic life. Their history reflects itself, therefore, in the nature of their use now. It is of no small interest that Lewin, contemplating emigration from Germany when fascism was on the rise, visited Vygotsky in Moscow with an introduction from his Russian student Zeigarnik; see Guillermo Blanck, *Vygotsky* (Buenos Aires: in preparation; personal communication, October 1989). Unfortunately, there is no record of their conversation, although it is reported that they got on famously in spite of the enormous difference in their attitudes toward the role of history in psychological interpretation.

37. In an as yet unpublished study, I had more than a dozen readers interpret this story while in the process of reading it for the first time, and I think I know most of the interpretations offered by critics as well. Interpretations, for all their diversity, share one overwhelmingly important characteristic: they are *all* efforts to invoke an intentional state (a motive or state of mind) in the captain/protagonist. The more sophisticated among the readers

also tried to understand how the story was emblematic of our culture, or of Conrad's plight in that culture.
38. See, for example, Ellen Langer, *The Psychology of Control* (New York: Sage, 1983).
39. Philippe Lejeune, *On Autobiography* (Minneapolis: University of Minnesota Press, 1989), p. 132.
40. Dr. Weisser and I are now completing a volume on this work to be published by Harvard University Press, entitled "Autobiography and the Construction of Self." It goes without saying that a different way of approaching the interview would have produced different ways of telling. If, for example, one asks people to tell about "memories of the past," one is much more likely to obtain lists of recalled events, with much less of an accounting of what these events "mean" to the teller. For other ways of going about the task of eliciting a record of the past from human subjects, see David C. Rubin, ed., *Autobiographical Memory* (Cambridge: Cambridge University Press, 1986).
41. Mishler, *Research Interviewing*. This issue is better left for fuller discussion in Bruner and Weisser, "Autobiography and the Construction of Self."
42. Keith Thomas, review of Roger Chartier, ed., *A History of Private Life*, vol. 3, *New York Review of Books,* 9 November 1989, p. 15. The volumes in this series are among the great accomplishments of the French *Annales* school of historians. Perhaps the best known of these historians among psychologists was Philippe Ariès, whose *Centuries of Childhood: A Social History of Family Life* (New York: Knopf, 1962) argued that the concept of childhood was a "social invention" rather than a fact, and that it was constantly being reshaped. The position taken by the *Annales* historians, beginning with one of its founders, Lucien Febvre, has been that "privacy" is to be understood as a "spinoff" from post-medieval sociopolitical arrangements rather than as an expression of some basic psychological or biological need.

事項索引

ア行

言うこととすること
 —の間の一致　26-27
 —の不信　22-27
痛みの力　23
意味
 —と自己　164-165
 —における対話的な文脈　88-91
 —の子どもの探索　126
 アングロ・アメリカンの哲学者の—　87-88
意味作成
 —情報への移行　5-9
 —と文化の概念　16-18, 28
 状況の中に位置づけられたスピーチにおける—　90-92
 再び始められた認知革命における—　3, 47, 194
 本来の認知革命における—　2-4
意味へのレディネス　101-106
因果関係
 —の方法論　193
 物語における—　126-127
エスノメソドロジー　148
エルサレム・ハーバードのレクチャー　4

カ行

解釈項　67, 98

概念自己　140-141
学習
 —という概念の歴史　144
 動物の—　144-147, 149-150
学習理論
 —と対人交渉主義　148
 —とパーソナリティ　147-148
 社会的文脈における—　148-150
 動物実験に基礎づけられた—　144-150
仮説の確認
 学習の実験における—　146
家族
 —における規範の知識　122
 —のドラマの把握の実行行為　123
 自伝のための道具としての—　172-174
 文化の代理としての—　185
語り手
 —のもつ見通し　109
仮定法
 物語における—　76-78, 85
記憶
 —と経験の枠付け　80-83
 —と自己　156-157
 —と情動　82-85
 —と内観　140
規範的なもの
 Emily の独り言における—　128
 物語と—　109, 114-117, 122, 123

共感性
  物語を形づくる際の― 123
協同原理 69, 90
計算可能性
  ―と意味 5-6, 8
  ―と認知革命 13
計算操作
  ―と意味 5-6, 194
言語
  ―対形式論理学 88-89
  ―と機能 102
  ―についての哲学 4
  ―の獲得 100
  生得的に―の才能を授かっている 98
言語学 2
  認知― 3
言語に対するレディネス
  ―とコミュニケーションのスキル 101
  ―における機能の重要性 102
  ―の社会的側面 99-101
行為
  状況の中に位置づけられた― 27, 148
  文化心理学における― 27
行為者
  Burke の五基語における― 71
構成主義的
  ―と関与 38-39
  ―と相対主義 34-35
  ―の例 37-38
  民主主義的文化における― 42-43
構成要素である信念
  ―と記憶 84-85
  ―とフォークサイコロジー 55-61

行動主義
  ―と認知革命 3-6
行動主体
  ―という概念 12
  ―と志向的状態 12-13
  ―としての自己 59
  ―と文脈 167
  物語における― 109
効用性
  定義された― 40
合理的選択理論 13, 39-40
心
  ―と計算 7-11
  ―と志向的状態 10-11
  ―の概念 1-2, 3-4
子ども
  ―による学習の社会的側面 99-101, 195
  ―による言語の獲得 99-137
  ―による文脈の察知 109-114
  ―による物語の社会化 114-119
  ―による物語の使用 119-123
  ―による物語へのひと押し 109-114
  ―の言語に先立つコミュニケーション 100-101
  ―の文法的形式の獲得の順序 109-110
コミュニケーション
  ―としての物語 109
  ―に対する談話の単位対センテンス 108
コンピュータ 8

サ行

時系列性
　Emily の独り言における― 127-128
　物語における― 61-64, 109, 111-112
刺激と反応　3
自己
　―と概念自己　140-141
　―と個人的領域　192-193
　―と実在論　140-143
　―と対人交渉的関心　141-142, 150-152
　―と文脈　165-168
　―の西洋的見方　160-162
　自伝における―　167
　ストーリーテラーとしての―　156
　精神分析における―　156-159
　フォークサイコロジーにおける―　58-61
　文化心理学における―　163-168, 195-196
　「分散されたもの」としての―　150-153, 159-160
　法律における―　164
　歴史における―　163
志向的状態
　―と計算可能性　10-11
　―と行動主体　12
　―とフォークサイコロジー　19-20, 54
自然　58
自尊心
　―の測定　143-144
　―の「分散的な」見方　151-153

実在論
　―と自己　141-142
実証可能性　151
ジップの法則　13-14
自伝
　―での予想　172
　―の研究　172
　―における時制の使用　171
　―における物語の使用　170-171
　自己を追跡する際の―　167-168, 192-193
社会科学
　―と認知革命　2
　解釈的―　160
社会学
　―における対人交渉主義　147-148
　自伝における―　187
社会的交渉
　―と自己の理論　148-149
　言語に対する要件の―　104-106
主観的状態
　実験的概念としての―　21-26
主語―動詞―目的語　111
情動の調節　80, 82-84
情報
　―への「意味」からの移行　5-7
女性
　―と自己　160-161
神経学
　文化の役割における―　49
人工知能　13-14
人文科学
　―と認知革命　2
心理学
　―と情報革命　7-8
　―と文化の概念　16-19, 26-27
　―の中心的概念としての意味　3

事項索引　229

人類学
　　—における自己の概念　　150-151
　　—における対人交渉主義　　148
　　異文化間での翻訳の困難における—
　　　52
　　解釈的学問としての—　　166
　　文化の役割における—　　16, 38
スピーチ
　　—と意味の論理的分析　　87-89
　　—のコミュニケーション的文脈にお
　　　ける　　89-90
　　文脈の中に位置づけられた—
　　　91-92
精神科学　　32, 49
精神分析
　　—と自己　　156-159
生物的なもの
　　—と人間の行動の原因　　28-31
　　—と文化　　48-49
　　制約としての—　　32, 48
相対主義
　　—と構成主義　　34-35, 38
　　—と文化心理学　　21-23, 28
　　—の意味　　33-34
存在のダンピング　　34

タ行

対人交渉主義　　147-151
多重人格障害　　60
適切性の条件　　90, 96
哲学　　2
　　自己についての—　　150-152
統語論
　　—と物語に対するひと押し
　　　109-114
　　—の獲得の順序　　107, 109-110
　　言語獲得における—　　99

　　道具としての—　　101-102
動物の学習　　144-147, 149-150
とって変わりうる選択肢
　　—を予見する能力　　154
ドラマ性　　71

ナ行

二重の景観　　72-74
認知革命
　　—と学習の概念　　147-148
　　—と情報処理　　9
　　—の合理主義　　155
　　—のその後の歴史　　4-14
　　最初の—　　1, 2-5
　　再び始められた—　　2
認知研究センター（ハーバード大学）
　　4
年代史学派　　151, 192

ハ行

パーソナリティー
　　—の研究　　147-148
反省性
　　自己の知覚における—　　154
反応強化
　　学習の実験における—　　144-147
反メンタリズム
　　—と計算可能性　　10-12
フォークサイコロジー
　　—と文化の概念　　18-21
　　—と物語の性質　　49-51
　　—の「内的」世界と「外的」世界の
　　　領域　　58-59
　　—を構成する　　50
　　—を原言語的に把握すること
　　　104-106

プライバシー
　　—の概念　192
プラクシス　114
文化
　　—と意味の概念　15-16, 32
　　—と意味の共有　17-18, 91-92
　　—と価値　41
　　—と自己　154-155, 163, 195
　　—と志向的状態　47
　　—と生物的なこと　48-49
　　—とフォークサイコロジー　18-20
　　—における逸脱を想起すること　96-97
文学理論　2
文化心理学
　　—と自己　139, 163-168
　　—と相対主義　33-38
　　—と比較文化的な諸変異　28
　　—と開かれた心性　42
　　意味における—　164-165
　　価値における—　39-41
　　フォークサイコロジーとしての—　49-50
文脈
　　—と意味　166-167
　　言語獲得における—　101-102
　　動物の学習の—　148-150
並列分散処理　10
法学　4

マ行

民族航海学　52
民族社会学　53-54
メンタリズム
　　計算可能性に反対する—　10-12
物語

　　—と自己の理論　156-162
　　—における仮定法の使用　76-78, 85
　　—におけるドラマ的な質　71-74
　　—における見通し性　132
　　—の機能　61-62, 95-96
　　—のコミュニケーションにおける重要性　108-109
　　—の時系列性　61-64
　　—の要件　109
　　—のレトリック　120-121, 123
　　—を子どもが獲得すること　96-114
　　インタビューにおける—　161-162
　　言語の使用としての—　85-91
　　子どもによる—の使用　118-123
　　自伝における—　168-173
　　社会的折衝のための道具としての—　78-79
　　センスと指示するものにおける—　63
　　フォークサイコロジーにおける—　49-51
　　文化的平和維持の手段として—　134-136

ヤ行

ユニヴァーサルチューリングマシーン　8
要求水準
　　—の測定　143
予想
　　自伝における—　171-173
予測
　　目標としての—　22-23

ラ行

歴史学
　―と文化心理学　195
　自伝における―　187
レトリック性
　―対物語における説明　119-120

　　自伝における―　170-171
　　立証可能性と迫真性が同時に生ずる―　133

ワ

枠付け　80

人名索引

＊：n は Notes の番号をあらわす。

Abelson, R., 92
Allport, G. W., 22, 205 n 21＊
Amsterdam, A. G., 214 n 43
Ariès, P., 226 n 42
Aristotle, 65
Auerbach, E., 73
Austin, G. A., 36, 221 n 23
Austin, J. L., 24, 26, 89, 100, 121, 205 n 20

Bach, E., 211 n 19
Bakhtin, M., 217 n 7
Barker, R., 68-69
Barthes, R., 222 n 24-n 26
Bartlett, F. C., 80-84, 92, 221 n 21
Beach, F. A., 209 n 7
Berg, K. M., 212 n 20
Berg, W. K., 212 n 20
Bickerton, D., 102, 209 n 5
Blanck, G., 224 n 36
Bloom, L., 126
Boring, E. G., 140
Breckler, S. J., 216 n 4
Bridgman, P., 216 n 5
Brown, Ann, 149
Brown, R. W., 212 n 18, 212 n 22
Bruner, J. S., 24, 76, 200 n 33, 209 n 6, 210 n 8, 210 n 15, 212 n 20, 220 n 16, 221 n 23
Bruss, E., 92
Burke, K., 71-72, 186, 206 n 24
Butterworth, G., 198 n 7, 210 n 15

Byrne, R. W., 210 n 10

Campione, J., 149
Case, R., 216 n 4
Castillo, M., 210 n 15
Chandler, M., 104-105, 114
Chartier, R., 221 n 17
Chomsky, N., 99-100, 102, 125, 198 n 10
Churchland, P., 11-12
Clark, E., 209 n 6
Clark, H. H., 209 n 6
Clifford, J., 38
Cole, M., 200 n 27, 219 n 13, 220 n 16
Cole, P., 211 n 19
Collins, A., 219 n 13
Cronbach, L., 152
Culicover, P. W., 209 n 5, 211 n 17

Darwin, C., 20
Davis, K. E., 197 n 3
Davis, P., 214 n 43
Dembo, T., 217 n 9
Dennett, D., 9, 11, 60, 203 n 11
Dewey, J., 108, 125
Diderot, D., 193
Dilthey, W., 32, 49
Dodd, E. R., 150
Dollard, J., 218 n 11
Donaldson, M., 112-113

233

Douglas, M., 81
Dreyfus, H. L., 197 n 2
Dreyfus, S. E., 197 n 2
Duby, G., 221 n 17
Duguid, P., 219 n 13
Dunn, J., 119
Durkheim, E., 205 n 21
Dworkin, R., 137

Eco, U., 208 n 38
Edelman, G., 49
Edwards, D., 207 n 31
Epstein, C. F., 82
Evans-Pritchard, E., 53

Febvre, L., 226 n 42
Feldman, Carol, 34, 130, 210 n 8
Ferenczi, S., 200 n 37
Ferguson, C. A., 212 n 23
Festinger, L., 217 n 9
Fillmore, C., 211 n 19
Fitzgerald, Scott, 82
Flaubert, G., 74
Fodor, J., 12
Fortes, M., 52, 55
Foucault, M., 222 n 24
Frake, C. O., 51
Frege, G., 88
Freud, S., 20, 23, 32, 60
Freund, P., 4
Friedman, D., 201 n 38
Frye, N., 64

Gallie, W. B., 62, 203 n 16
Gardner, H., 37
Garfinkel, H., 53-54, 155
Garnica, O. K., 212 n 23
Geertz, C., 4, 13, 16-17, 178, 197 n 3, 222 n 24, 223 n 32
Gentner, D., 202 n 4
Gergen, K., 13, 152, 153, 155, 197 n 3, 223 n 32
Gide, A., 57
Gladwin, T., 202 n 4, 203 n 12
Goffman, E., 155
Goodman, N., 4, 34, 197 n 3, 211 n 17
Goodnow, J. J., 24, 221 n 23
Greenberg, J. H., 212 n 22
Greenfield, P. M., 111, 209 n 6
Greenwald, A. G., 216 n 4
Gregory, R. L., 203 n 11
Grice, P., 69, 90-91

Haith, M., 212 n 20
Halliday, M. A. K., 108, 209 n 6
Harms, R. T., 211 n 19
Harris, R., 208 n 40
Haste, H., 200 n 33
Haugelund, J., 203 n 11
Heath, S. B., 118-119
Hechter, M., 201 n 38
Heider, F., 53-54
Helm, J., 213 n 28
Hempel, C., 63, 79, 203 n 16
Herbart, J. F., 10
Herdt, G., 202 n 7
Herrnstein, R., 40
Higgins, T. E., 216 n 4
Hillary, E., 57
Hinde, R. A., 209 n 7
Holquist, M., 217 n 7
Hughes, H. S., 4
Hull, C. L., 145-146
Hume, D., 23
Humphrey, N., 49, 60, 104

Hunt, J. McV., 218 n 11
Hutchins, E., 202 n 4

Ibsen, H., 86, 166
Iser, W., 197 n 3, 207 n 36

Jakobson, R., 4, 111
James, W., 35, 141, 205 n 21
Johnson, M., 197 n 3
Johnson-Laird, P., 215 n 2
Joyce, James, 76
Jung, C. G., 65

Kahler, E., 73
Kahnemann, D., 24
Kalnins, I., 212 n 20
Kant, I., 3, 65
Kelly, George, 219 n 12
Kessen, W., 212 n 20
Kis, D., 136
Kluckhohn, C., 17
Kohler, W., 44
Krechevsky, I., 146
Kuhn, T., 216 n 5
Kundera, M., 136
Kurland, D., 219 n 13

Labov, W., 127, 171, 213 n 28
Lachman, J. L., 198 n 7
Lachman, R., 198 n 7
Lakoff, G., 197 n 3
Langer, E., 226 n 38
Lejeune, P., 92, 169, 226 n 39
Levelt, W. J. M., 212 n 22
Levi-Strauss, C., 97, 202 n 4
Levinson, S. C., 208 n 42
Lewin, Kurt, 143, 224 n 36
Lewin, R., 49, 104

Lord, Albert, 64, 204 n 17
Lucariello, J., 115
Luria, A. R., 112

Mach, E., 216 n 5
Mandler, J., 80
Markus, H., 59, 141
Marx, K., 20, 85
McClelland, J. L., 198 n 10
Mead, G. H., 217 n 6, 223 n 31
Mead, Margaret, 52, 56
Middleton, D., 207 n 31
Miller, G. A., 5, 29-30, 215 n 2
Miller, N. E., 218 n 11
Miller, Peggy, 117
Mishler, E., 161, 176, 226 n 41
Mitchell, W. J. T., 222 n 24
Moore, B. B., 213 n 28, 214 n 30
Morse, S. J., 221 n 19
Mowrer, O. H., 217 n 10, 218 n 11
Myers, F., 151

Nagel, T., 19
Napoleon, 86
Nehamas, A., 216 n 5
Nelson, K., 214 n 35, 214 n 39
Nietzsche, F., 216 n 5
Ninio, Anat, 210 n 15
Nisbett, R., 23
Nurius, P., 59, 141

Pavlov, I. P., 217 n 10
Pea, R., 148
Peirce, C. S., 66, 98
Perkins, D., 148-150, 219 n 13
Perrot, M., 221 n 17
Piaget, J., 112
Picasso, P., 44

Pinker, S., 209 n 5, 211 n 17
Polkinghorne, D., 162, 168, 197 n 3
Polonoff, D., 157
Popper, K., 216 n 5
Pratkanis, A. R., 216 n 4
Premack, D., 96
Propp, V., 112, 124

Quine, W. V., 4

Rabinow, P., 222 n 24, 223 n 32
Reynolds, V., 49
Rich, Adrienne, 45
Richards, D., 214 n 43
Rickman, H. P., 200 n 30, 202 n 2
Ricoeur, P., 23, 62, 64, 66, 76, 85, 203 n 15-16
Rorty, R., 22, 35-36, 38, 216 n 5, 222 n 24
Rosaldo, M., 59, 134, 150, 203 n 15-n 16, 223 31
Rosaldo, R., 59
Ross, Gail, 220 n 16
Ross, Lee, 23
Rousseau, J. J., 193
Rubin, D., 226 n 40
Rumelhart, D., 198 n 10

Sacks, O., 208 n 37
Sadock, J. M., 211 n 19
Salapatek, P., 212 n 20
Sampson, E. E., 223 n 32
Santambrogio, M., 208 n 38
Sapir, E., 41
Sarbin, T. G., 223 n 31, 224 n 34
Scaife, M., 210 n 15
Scarry, E., 31

Schafer, R., 158-159, 168
Schank, R., 92
Schutz, A., 54, 155
Schwartz, J., 219 n 13
Schweitzer, A., 86
Scribner, S., 220 n 16
Searle, J., 13, 197 n 3
Sears, P., 217 n 9
Seeley-Brown, J., 219 n 13
Shotter, J., 81, 223 n 32
Shulman, D., 206 n 24
Shweder, R., 202 n 7
Simon, H. A., 198 n 8
Skinner, B. F., 54, 201 n 42, 217 n 10
Slobin, D. I., 209 n 5
Slovik, P., 199 n 25
Smith, Adam, 40
Smith, Joshua, 111, 209 n 6
Smith, Sidonie, 224 n 33
Snow, C. E., 212 n 23
Spence, D., 156, 197 n 3, 222 n 25-26
Sperry, L. L., 213 n 27
Stein, Gertrude, 44
Stern, D., 112
Stevens, A. L., 202 n 4
Stich, S., 11, 51, 54, 202 n 3
Stigler, J. W., 202 n 7
Stock, B., 151
Stone, L., 203 n 16
Strawson, P., 215 n 2
Sullivan, W., 222 n 24, 223 n 32

Talleyrand, C., 86
Taylor, C., 13, 30, 41, 56
Taylor, M. G., 221 n 19
Thomas, K., 192

Thucydides, 203 n 16
Tinbergen, N., 220 n 15, 224 n 36
Titchener, E. B., 140
Tolman, E. C., 3, 145-146, 217 n 10, 218 n 11
Turing, A. M., 8
Turner, V., 206 n 24
Tversky, A., 24

Vaihinger, H., 216 n 5
Van Dijk, T., 92
Varnedoe, J. K. T., 201 n 44
Veyne, P., 221 n 17
Violi, P., 208 n 38-n 39
Vygotsky, L., 15, 124, 217 n 7, 220 n 16, 224 n 36

Waal, F. de, 135
Wagner, H. R., 202 n 7
Waletzky, J., 213 n 28, 214 n 38

Wason, P. C., 221 n 17
Weigel, M., 76
Weintraub, K. J., 150
Weir, Ruth, 126
Weisser, S., 174-175, 191, 226 n 40
West, M., 219 n 13
Wexler, K., 209 n 5, 211 n 17
White, Hayden, 72
Whiten, A., 210 n 10
Williams, B., 215 n 2
Wittgenstein, L., 89, 208 n 41
Wood, David, 220 n 16
Woodruff, G., 209 n 1
Woolf, Virginia, 74
Wylie, R. C., 217 n 8

Yeats, W. B., 78

Zener, K., 217 n 10

訳者あとがき

 本書は，Jerome Bruner: *Acts of Meaning.* (Harvard University Press, 1990) の邦訳である。
 その「謝辞」の中で，著書自らが言うように，この書は，Bruner の「もっとも新しい考えの表現であるとともに，それはまた長年心の中に抑えつづけてきたものの復活である」。今日まで半世紀あまり，心理学界のリーダーとして，常に自らの変貌をこころみながら，さまざまの提言をつづけてきた著者自身が言うだけに，「もっとも新しい」，「長年心の中に抑えつづけてきた」ということばのもつひびきは重い。そしてそれにふさわしい自負と示唆に本書はあふれている。Bruner がこれまで世に送りつづけてきた数々の著作の中でも，本書が特にすぐれて問題提起の書としての位置を占めていることは，読者の誰しもが認めることになろう。
 以下に「あとがき」として，Bruner が本書に到るまでの足跡のあらましと，本書の主要な論旨を述べ，終わりに，訳出に際して出あった若干の問題にふれておきたい。

本書にいたるまでの Bruner

　Brunerの，今日までのしごとについては，今さら述べる必要はないし，すでに主要な著書の邦訳や紹介書，また本人自身による自伝（"*In Search in Mind : Essays in Autobiography*" 田中一彦訳『心を探して』みすず書房，1993）もあるので，くわしくはそれらを参照されたい。ここでは Bruner の著作にこれまで接することの少なかった人が，本書の位置を知っていただくのに必要な最小限の概観をほどこしておく。

　訳者のひとり（岡本）が心理学を学び始めた1950年前後，Bruner はニュールック・サイコロジーの旗手として，登場する。その「子どもが貨幣の大きさを実際以上に大きく知覚している」ことを示した社会的知覚の実験は，主体のもつ社会的要求によって知覚的世界が支配されていることを示すものとして極めて鮮烈であった。伝統的な精神物理学的測定による知覚研究や，行動主義学習実験が主流を占めていた当時にあって，Bruner の名が強く印象づけられた。

　つづいて "*Study of Thinking*"（1956）では，厳密な論理的課題を用いた概念達成実験において，問題解決者自身がその過程でとる「方略」の研究を提起する。先の社会的知覚実験とともに，認知・思考過程に働く人間の志向性や主体性，さらには背景としての社会性の重視を訴えるもので，それは認知革命への呼び水ともなってゆくし，また本書への流れにもつながっている。

一方，ソビエト連邦の人工衛星打ち上げ（1957年）を引きがねとしてひきおこされたアメリカの教育改革運動に参加し，ウッズホール会議を主導し，その成果を"*The Process of Education*"（1960）（鈴木・佐藤訳『教育の過程』岩波書店，1963）にまとめる。それまでアメリカではほとんどとりあげられることのなかった Piaget 理論を紹介しながら，知的構造の重視，ラセン型カリキュラムや発見学習の提唱等，教育界への強いインパクトを与える。その後も教授理論の建設等，教育学関係の提言を強めるとともに，さらに文化剝奪児のためのヘッドスタート計画等の早期補償教育への発言も含め，心理学者としてのみならず，教育学界にも新しい理論家として位置づけられてゆくこととなる。なお，この教育（学）への関心の深まりと展開は，本書の次に上梓されたいちばん新しい書"*Culture of Education*"（1996）（目下訳者たちにより訳出中）に結実してくる。

　こうした教育分野にわたるしごととともに，ハーバード大学認知研究センターの指導者として，そこに集う若き人材たちとの共同研究の成果は"*Studies of Cognitive Growth*"（1966）（岡本・奥野・村川・清水訳『認識能力の成長』明治図書，1968）を生み出す。そこでは Piaget 理論を評価しながらも，Vygotsky 的観点を重視し，文化的教育的要因を含めた実験を企てながら，自己の立場を「道具的概念論」とよび，その子の住む文化のあり方がどのような表象システム（特に象徴システムとしての言語）の使用を重視しているかによって，子どものたどる発達の姿はかわってくることを強調する。この観点がさらに広い視野

の中に位置づけられて，本書の中心的テーマを生み出すもとになってくることに注目しておく必要があろう。

　認知発達の研究は，その後，乳児の初期行動の分析へさかのぼり，さらに乳幼児の言語発達の問題をとりあげる。当時言語獲得研究を風靡していた Chomsky の生得主義的構文論に抗して，道具主義的語用論的立場を強く訴えるが，この立場は一貫して本書の中でもくり返され，さらに文化との関係において位置づけられてきている。きわめて粗いスケッチであったが，上のような研究史を経ながら，1980年に入ると，文化的歴史的観点のさらなる重視と，他の人間諸科学や文学との連携の強化等，かつてから，その中に抱いてきた発想をより鮮明に展開しながら本書の提案にいたる。

本書の論旨

　ここで本書における論の構成のあらましを，key words を連ねるかたちで簡単に述べておくことにする。本書の読後のまとめ，もしくは読む前のだいたいの見通しとして役立てばとの老婆心による。

　1950年代より起こってきた「認知革命」は，心理学の研究に人間の「心」と「志向性」や「意味」をとりもどそうとする力によってひきおこされてきたのであるが，その後の過程では，それが「認知科学」の一環として進行することとなり，そこでは「情報処理」と「計算可能性」ということが認知の中心的メタファーとなってゆく。それは，技術的細分化とそのパラダイ

ムに合わせての研究の特殊化をもたらしてゆくが，最初に認知革命を引きおこす起動力であったはずの本来の人間研究からははずれた方向をひた走り，その「教区」中に心理学は自らを閉じこめ，他の人間諸科学から隔離され，さまざまな点で取り残されるにいたった。また諸科学からの心理学に対する期待も失われてきている。その意味で心理学は人間本来の研究にたちもどるための「再革命」を必要とする時点にきている。

　認知革命をひきおこした当時のスピリットをとりもどすための再革命の出発として，まずなすべき作業は，認知科学が捨象してきた「意味」の問題に立ち帰ることにあるとBrunerは主張する。ただし，ここでいう意味とは，従来の個人心理学が考えてきたそれではない。「意味」は個人の中だけでなく，人間が生きる世界の中において「文化的」に形成されてきたものであり，人はそれを共有して生活している。したがって「意味」は「文化心理学」の中核的テーマになるべきである。

　そして意味の問題を文化的観点からとらえていく時，文化心理学の基礎にある「フォークサイコロジー」（folk psychology）こそが，意味解明へのもっとも有力な手がかりとなるはずである。フォークサイコロジーとは，その文化の中の人々が自分自身や他者，その存在や行為，それらをとりまく世界をどう意味づけてゆくのか，その際の見方や信条，価値観等を組織してゆくにあたっての一般的なより所となっている文化的な心理もしくはセンスであるからである。社会や文化のあり方がフォークサイコロジーを作るし，またその変化が社会や文化を新たに生

み出してゆくこととなる。

　フォークサイコロジーは,「科学的心理学」と対比されるが, 現実の人の行為を直接決めているのは後者でなく, 前者である。科学的心理学は人間の行動の因果的法則を求め, その組織原理としては論理的, カテゴリー的命題にもとづこうとするのに対して, フォークサイコロジーでは, 志向性をもって生きる行動主体が, 人々との交渉の中で,「生」の営みをどう展開し, それを意味づけてゆくかが問題となり, そこで用いる原理は「物語」的構造にもとづいていると Bruner はいう。そして子どもは言語以前の早期から「物語（的意味）へのレディネス」をもっていることを明らかにする。

　物語は, その文化の中でいちおう「規範」もしくは「通常」とみなされるもののセンスを構成するが, その規範から「逸脱」した出来事をも許容し, それを物語的文脈の中にとりこむことによって説明しようとし, それに成功すれば, 逸脱事象もまた理解可能なものとなる。子どもでもおとなでも, 規範どおりの事象に対してよりも, それに反した事象が起こった場合の方が物語的説明ははるかに活性化される。この規範のみならず逸脱をも許容し, 理解を可能にしてゆくところの物語のもつ性質（「不可能の論理」）こそが, 人と人の葛藤をやわらげ, さまざまな解釈を可能にする緩衝地帯を作り出し, それが「平和の維持」に役立っていることを見逃してはならぬという。

　物語の中でも, 本人が本人自身の生を他者に語る「自伝」的物語の研究は, 個人の意味作成と, そこに働く文化的背景（特

に文化としての家庭)をとらえてゆくのに有効となる。そして自己と意味と文化の関係を見てゆく時,「自己」は,かつて信じられていたような,個人の心の中にその中核として存在する固定されたものではなく,自分と相互に交渉しあう人々との関係の中に「分散した」形をとり,その時の状況の中に位置づけられているものとしてとらえることが必要となる。現在の自己が過去と未来を含んだ自己を他者に物語ることは,同時に自分に対して物語ることでもある。

　本書の最終章では,そうした分散され状況づけられた自己観に立って,一つの家族(文化的表現としての)の各成員の自伝的物語と,家族全員による自分たちの家庭についての話し合いを通すことによって,文化と意味と個人の関わりを明らかにしようとしている。

　そして最後に,人間の意味についての解明は,科学的心理学が用いる単なる因果的予測による方法では不可能であり,そのためには,人間文化を構成する「象徴システム」の光に照らして「解釈」する方法こそ不可欠であることを強調する。

　以上,本書の性質をできるだけ浮きぼりにすることを願って,特に重要と思う key words をいくつかえらび出し,訳者なりの理解にしたがってそれらを系列的に関係づけてみた。あえていうなら,その意味では,この解説もまた訳者が本書の理解にあたって作りあげた一つの物語と言えるかもしれない。おそらく読者によっては訳者たちとはかなり異なった物語を構成される方もあるかもしれない。この「あとがき」についての批判も

仰ぎたい所以でもある。

　しかしいずれにしても，本書の展開の背景には，はじめにふれたように，20世紀の後半の心理学界を導き，常に新たな観点と示唆を提言しつづけてきたことへの Bruner 自身の自負と，21世紀の心理学のあるべき姿への強い期待がこめられていることを見逃してはならぬだろう。

訳語上の問題について

　標題 "*Acts of Meaning*" についてはいくつかの訳語が考えられるが，本訳書ではこの本全体を貫く著者の意図を明らかにするため，意訳的ではあるが『意味の復権』とし，副題として「──フォークサイコロジーにむけて──」を加えた。心理学本来の研究の中心には，現在までに忘れられてきた「意味」の問題をおくべきであり，そのための新たな出発となる作業として，フォークサイコロジーの解明を Bruner が強く訴えているからである。

　"folk psychology" は先にもふれたように，文化の中で，そこに生きる人たちの行為や人間観，価値観を規定してくる共有の心理を言い，直訳すれば「民間心理」「民俗心理」となるが，われわれの日常性を動かしている心理という意味では，「日常性の心理」とも言える。より一般化するなら「常識」とよべないこともない。また科学的心理学に対照させて用いるところから「学」を付さずに「心理」としておく方がいいと思うが，しかし常識といえども，人間の形成する意味は，何らかの

かたちにせよ，文化的体系を作って存在するものであることに注目するなら「民間心理学」とする方がよいかもしれない。

また最近「素朴心理学」（naive psychology）の研究がとりあげられ，場合によっては folk psychology もそれと同種のものとされることもあるようである。たしかに両者は科学としての心理学と対照される点で共通性をもつが，素朴心理学が主として科学的知識の洗礼をうける以前の乳幼児の段階の知識を中心としているのに対し，folk psychology は科学的体系とは異なるが一つの文化の中の子どものみならず大人全般を支配している体系であり，またわれわれの科学志向的文化の中では，科学的知識もその常識化された変型版として，部分的に folk psychology に暗黙裡に参加してきているのが普通であろう。また素朴心理学についての研究が主として知識的側面に重点をおいているのに対し，folk psychology では知識のみならず，文化の中の人一般の行為（行動ではない）を支える体系を問題とし，特に本書で Bruner は志向性，意図，価値観を重視しているといえる。上のような諸点を考慮して folk psychology には特に訳語をあてはめることはせず「フォークサイコロジー」と仮名表記によることにした。

他にもいくつか気にかかる語も少なくない。たとえば，本書で特に重視される"narrative"についても，一義的に対応する日本語を見つけることは困難である。本来は「語る」行為であり，「語り」の方がふさわしいと思えるが，ここでは「語られた」ものだけでなく，「書かれた」ものも含められており，

作られたストーリー全体を指すものとして，一応常用されている「物語」をあてておくことにした。

　また，これも重要な位置におかれている"distribution (of Self)"についても，「分散」という訳語が充分適切とは思わないが，代案として提出できる語を思いいたらないまま，これも最近の哲学や社会科学領域等で用い始められている「分散」という語に従っておく。なお「自己」については文中，"self"と"Self"の二つが用いられているが，後者の使用の方がはるかに多く，そのたびに両者を区別した表記も読者に必要以上の煩雑を強いることになるので，ともに「自己」としておいた。

　訳出上，当然のことながら日本語と英語の対応の困難さは多く出てくる。たとえばこれも重要なキーワードの一つである"life (lives)"があげられる。「生命」「生存」「生活」「人生」「一生」「生涯」「生」等きわめて多義的である。しかし原語"life"の場合，たとえばある文脈でそれが「生活」を指している場合でも，その背景の意味野として，生命，生涯，生等を暗黙裡に含んだ「生活」として，それを"life"で表現できるところに life のもつ意味の特色があるのかもしれない。強いていうなら「英語」体系の中で「生活」と「生涯」は「日本語」体系の中での考えられる「生活」と「生涯」よりも，はるかに親密で相互支持的といえる。しかし，これについては，如何ともしがたく，訳出にあたっては，"life"の出てくるその時その時の文脈から推測して，上記の訳語中からいちばん近いものをあてた（たって一つだけを選べとなると，「生」という語が

いちばんいいかもしれぬと訳者は思ったりするが。たとえば「日々の生」とか「生の現実」とか「生の物語」というように)。

なお原著の巻末にある"Notes"は,引用文献名と,そのいくつかについての注釈よりなりたっているが,注釈部分のみを訳するのは全体を煩雑にし読みづらくするのであえて訳さずそのままにした。また各章での各節の見出し語は原著にはないが,内容を理解しやすいように,訳者が適宜に付した。索引については原著では用語自体よりも,それが使用されている文脈に注目して作られており,それを考慮しながら,訳出した。

訳出作業にあたって

この翻訳をわれわれが思いたった動機はあらためて言うまでもないが,先にも述べたように,半世紀にわたってその時その時に斬新な問題を提起しつづけてきた Bruner のしごとの中にあっても,本書は今日の心理学全体のありようを問いただし,文化心理学としてのフォークサイコロジーの解明や「意味の復権」を強く訴え,Bruner 心理学の新たな展開を示すものとし,特に重要な位置を占めるものと思うからである。

本書を出版(1990年)後間もなく目を通した時,きわめて印象深く魅力的だったが,かなり難解な部分も多く,いずれ強力な翻訳者があらわれ,分かりやすい訳書をとどけてもらえるものと鶴首していた。しかしその希望は実現されないまま,かなりの年月が過ぎ去ってきた。たまたまミネルヴァ書房寺内一郎氏との話の中でこのことをもらしたところ,われわれでの翻訳

を強くすすめられる破目となった。かなりの決心を必要としたが，非力のまま挑戦すべく思いいたった次第である。

　本書に限らず Bruner の著作の翻訳を困難にしている大きい原因の第一は，その論が心理学内外のきわめてゆたかな博識を駆使して論が展開される点にある。心理学内のそれにしても，過去の歴史にさかのぼるとともに，現在の各分野で詳細化している問題が引用されるし，さらに加えて心理学外の他の学問領域で進められている新しい視点と知見を豊富に引きながら，心理学の再構築が論じられる。おそらく現代の心理学者の中でさまざまな諸学問に広く通じ，他の諸領域の学者たちとの交流や共同討論を進めているものとして Bruner の右に出る心理学者はないかもしれない。

　特に本書ではこの傾向がますます強められている。生物学，言語学，哲学，社会学，法学，人類学，歴史学，文芸学，文学作品等々にわたる博識の披露は，そのスパンと容量において，われわれの理解能力を超える。

　それと今一つの問題は，Bruner の文章に接した人は誰しも感じることだが，その文体や語彙の使用法，レトリカルな表現等においてきわめてユニークで，読解さらには，訳出にあたって難渋を重ねる箇所が少なくない。誰もが注目するこの本書が，さほど大部なものでないにかかわらず，その翻訳を志す人がないまま，10年近くを経てきたのも，上記のような二つの理由によるところが大きいと思われる。

　いずれにしても，われわれの力を超えた作業に着手したのは，

心理学内の細分化された諸領域にたずさわる人々にはもちろんのこと，広く人間の学問に関心をもつ方々に，一人でも多く本書の存在とその提案を知ってほしかったし，またそれに対する意見をうかがいたかったからである。

　原著の格調高い表現を，できるだけ分かりやすく伝えるため，訳文の検討を重ねてきたつもりであるが，不十分な所や生硬さ，また内容の誤解等，問題を残していることもあると思う。忌憚ない指摘や批判をお願いしたい。

　訳出をすすめるにあたっては，三人の訳者がそれぞれに全巻を精読した後，最初の草稿を，第1章，第4章を吉村が，第2章と第3章を仲渡が担当し，それを三人が読み合い意見を交換した結果第二稿を作り，さらに三人で検討しあって作った第三稿を，岡本において調整し訳語等の統一をはかった。その途上で多くの方々の意見を仰いだり，助力やはげましをいただいた。矢野喜夫，浜田寿美男，池上貴美子，岡村佳子，広瀬雄彦，高岡昌子の諸氏に感謝の意を捧げる。

　また，この翻訳をすすめ，今日の刊行までを見とどけていただいたミネルヴァ書房寺内一郎氏と，訳者たちのわがままなしごとの裏方としてこまごまとした処理一切を引きうけて，一冊の本にしてくださった安岡亜紀さんに厚くお礼を申し上げる。

　　1999年7月　　　　　　　　　　　訳者　　岡本夏木

　　　　　　　　　　　　　　　　　　　　　　仲渡一美

　　　　　　　　　　　　　　　　　　　　　　吉村啓子

《訳者紹介》

岡本夏木(おかもと　なつき)
 京都大学文学部哲学科卒業
 元京都女子大学文学部教授
 京都教育大学名誉教授
 2009年逝去
 主著『子どもとことば』(岩波新書)
  『ことばと発達』(岩波新書)
  『幼児期』(岩波新書)
  『認識能力の成長』(ブルーナー著，岡本他訳，明治図書出版)
  『ストーリーの心理学』(ブルーナー著，岡本他訳，ミネルヴァ書房)
  他多数

仲渡一美(なかと　かずみ)
 大阪大学大学院文学研究科博士後期課程修了　博士(文学)
 大阪行岡医療大学医療学部教授
 主著『ディラン・トマス少年小説集』(共訳，国文社)
  『英語のデザインを読む』(共著，英宝社)
  『移動する英米文学』(共著，英宝社)
  『英米文学の可能性』(共著，英宝社)
  『〈異界〉を創造する——英米文学におけるジャンルの変奏』(共著，英宝社)
  『ことば・意味・かたち』(共著，愛育社)

吉村啓子(よしむら　けいこ)
 神戸大学大学院文化学研究科(博士課程)社会文化専攻単位取得退学
 関西国際大学教育学部教育福祉学科教授
 主著『やさしく学べる保育実践ポートフォリオ』(共著，ミネルヴァ書房)
  『保育を学ぶ人のために』(共編著，世界思想社)
  『ストーリーの心理学』(ブルーナー著，共訳，ミネルヴァ書房)

意味の復権〔新装版〕
──フォークサイコロジーに向けて──

1999年9月20日	第1版第1刷発行
2016年5月15日	新装版第1刷発行
2021年3月30日	新装版第2刷発行

〈検印省略〉

定価はカバーに
表示しています

訳　者　岡本夏木
　　　　仲渡一美
　　　　吉村啓子

発行者　杉田啓三

印刷者　田中雅博

発行所　株式会社　ミネルヴァ書房
607-8494　京都市山科区日ノ岡堤谷町1
電話代表　(075) 581-5191
振替口座　01020-0-8076

©岡本・仲渡・吉村, 2016　　　創栄図書印刷・新生製本

ISBN 978-4-623-07715-1
Printed in Japan

臨床ナラティヴアプローチ
森岡正芳 編著　　　　　　　　　　　A 5 判/300頁/本体3000円

ディスコースの心理学
――質的研究の新たな可能性のために
鈴木聡志・大橋靖史・能智正博 編著　　A 5 判/252頁/本体2500円

人生を物語る――生成のライフストーリー
やまだようこ 編著　　　　　　　　　A 5 判/298頁/本体3000円

知能の誕生
J. ピアジェ 著／谷村覚・浜田寿美男 訳　A 5 判/560頁/本体6000円

身体・自我・社会
――子どものうけとる世界と子どもの働きかける世界
H. ワロン 著／浜田寿美男 訳編　　　　四六判/276頁/本体2500円

発達心理学辞典
岡本夏木・清水御代明・村井潤一 監修　四六判/882頁/本体6400円

〈子どもという自然〉と出会う
――この時代と発達をめぐる折々の記
浜田寿美男 著　　　　　　　　　　　四六判/220頁/本体2000円

私と他者と語りの世界――精神の生態学へ向けて
浜田寿美男 著　　　　　　　　　　　A 5 判/276頁/本体2500円

個立の風景――子どもたちの発達のゆくえ
浜田寿美男 著　　　　　　　　　　　A 5 判/226頁/本体2800円

───── ミネルヴァ書房 ─────

http://www.minervashobo.co.jp/